ULLSTEIN

Die Autorin

Silver wurde im Herzen von Pennsylvania geboren und interessiert sich seit ihrer Kindheit für die magischen Künste. »In York, Cumberland und Lancaster ist die Magie noch lebendig«, sagt sie. »Wenn man als magisch denkender und handelnder Mensch von anderen akzeptiert werden will« – so Silver – »lernt man diese am besten erst einmal gut kennen. Wenn man sich erst kennen gelernt und die gegenseitigen persönlichen Werte und Prinzipien schätzen gelernt hat, dann sind unterschiedliche Einstellungen zur Religion nicht mehr so wichtig. Teilen Sie sich anderen mit – das ist wichtig für Sie selbst und für Ihre Arbeit. Das gilt eigentlich für jedermann.«
Silver wurde am 11. September 1956 geboren und ist eine echte Jungfrau. Sie erstellt liebend gern Listen und bringt Ordnung in Ihre Umgebung. Sie ist ganz eindeutig eine Frau des 21. Jahrhunderts und lässt sich nicht gern festlegen. »Ich verbringe viel Zeit mit meinen vier Kinder«, sagt sie. »Sie haben in meinem Leben stets Vorrang – alles andere kann warten.«
Silver lehrt verschiedene magische Wissenschaften und unterrichtet in ganz Amerika. Sie ist eine anerkannte Wicca-Priesterin, Oberhaupt des Black Forest Clans in mehreren US-Bundesstaaten und Älteste der Serphant-Stone-Familie. Außerdem ist sie Direktorin der International Wiccan/Pagan Press Alliance. Im Internet ist sie unter der Adresse www.silverravenwolf.com zu erreichen.

Von Silver RavenWolf sind in unserem Hause erschienen:

Die schützende Kraft der Engel im täglichen Leben

Zauberschule der Neuen Hexen: Ritual und Harmonie
Zauberschule der Neuen Hexen: Magie und Macht
Zauberschule der Neuen Hexen: Sprüche und Beschwörungen

Geldzauber – für Neue Hexen
Liebeszauber – für Neue Hexen
Schutzzauber – für Neue Hexen

Das Zauberbuch der Freien Hexe: Geschichte und Werkzeuge
Das Zauberbuch der Freien Hexe: Zauberkraft im Alltag
Das Zauberbuch der Freien Hexe: Übung und Meisterschaft

Halloween

Silver RavenWolf

Geldzauber für Neue Hexen

Aus dem Amerikanischen übertragen
von Heike Rosbach

Ullstein

Besuchen Sie uns im Internet:
www.ullstein-taschenbuch.de

Ullstein Esoterik
Herausgegeben von Michael Görden

Aus dem Amerikanischen von Heike Rosbach
Titel der Originalausgabe
SILVER'S SPELLS FOR PROSPERITY
Erschienen bei Llewellyn Publications, St. Paul, Minnesota, USA

Umwelthinweis:
Dieses Buch wurde auf chlor- und säurefreiem Papier gedruckt.

Ullstein ist ein Verlag der Ullstein Buchverlage GmbH, Berlin.
1. Auflage Dezember 2004

Umschlaggestaltung: FranklDesign, München
Titelabbildung: Katlyn Breene/Mermade Magikal Arts
Gesetzt aus der Souvenir
Satz: Josefine Urban – KompetenzCenter, Düsseldorf
Druck und Bindearbeiten: Ebner & Spiegel, Ulm
Printed in Germany
ISBN 3-548-74222-X

Dieses Buch ist gewidmet:

Den Leuten, die so pleite sind, dass sie zwischen den Polstern ihres Sofas nach verloren gegangenem Kleingeld wühlen müssen.

Inhalt

1

Auf die Plätze! Fertig!

Los, mach bei dem Spaß mit! Ich habe alle möglichen Dinge für dich. Da sind Ideen, wie man den Reichtum genießt, wie man diese schrecklichen alten Schulden, ohne sich zu grämen, verbannt, wie man von einem Schuldner Geld zurückbekommt, wie man den privaten Geldfluss ins Positive wendet und vieles mehr. Ich biete auch historische und praktische Informationen zu Zauberelementen und -materialien. Und es macht Spaß, zu lernen und zu zappen!

Willkommen in meiner Welt – einem Universum des Überflusses, in dem man nicht durch Arbeit zu Reichtum gelangt, sondern den Reichtum für sich arbeiten lässt.

Die Zaubersprüche in diesem Buch repräsentieren meine Reisen aus der Armut in den Reichtum auf praktische und magische Weise. Das ist kein Scherz! Genau in diesem Augenblick hältst du den Plan in Händen, mit dessen Hilfe ich Wohlstand in mein Leben brachte.

Ich weiß, du willst eigentlich gleich zu den Zauberformeln kommen. Aber bitte, halte einen Augenblick inne und lies dieses kurze Kapitel, denn hier stehen Sachen drin, die deinen Zauberkünsten förderlich oder auch hinderlich sein können. Ich werde es kurz machen – versprochen!

Der erste Schritt zum Wohlstand ist dein Wunsch, von deinem

Recht Gebrauch zu machen, die Macht über dich selbst zurückzugewinnen. Wenn du *anerkennst,* dass du die Macht besitzt, die Dinge zu verändern, und zwar auf unterhaltsame Weise, öffnest du die Tür zu deinem persönlichen Reichtum. Wirklich, Wohlstand bedeutet, Zeit zum Leben zu haben.

Der Geldzauber hat mit deiner Geisteshaltung zu tun. Wer sich beim Geldzauber selbst für arm hält, *wird* arm sein. Das ist genau wie beim Liebes- und Heilungszauber, aber aus irgendeinem Grund wollen viele Leute einfach nicht glauben, dass die Art, wie sie *denken,* sich in harten Mark und Pfennigen manifestiert. Als ich anfing, mich mit Geld zu beschäftigen, und darin nicht mehr nur bedrucktes Papier oder geprägtes Metall sah, sondern es als Energie begriff, wurde mir eine schockierende und einfache Wahrheit klar: Geld ist schlicht Energie. Das Mysterium des Geldes löste sich sofort in Luft auf!

Du bist bereits reich. Du musst diese Tatsache nur erkennen!

Gleichgewicht

Jede Zauber- und Ritualarbeit erzeugt Energien, die das Leben ins Gleichgewicht bringen. Kürzlich vergrub sich eine meiner Schülerinnen, nennen wir sie einmal Heather, in einem Anfall von Geldzauber. Sie stand kurz vor dem Ziel, als sie sagte: »Ich denke, es ist wunderbar, dass die Göttin alles verändert, was sie berührt, aber ich wünschte, sie würde für eine Weile ihre Finger davonlassen, zumindest bis ich ein gewisses Maß an Ausgeglichenheit habe!« Dann lachte Heather und meinte: »Ich erkannte nicht, dass mein Leben so aus dem Gleichgewicht geraten war. Aber Junge, Junge, es hat sich gelohnt!« Eine Woche später war sie über das Haus, das sie hatte haben wollen, mit dem Verkäufer handelseinig geworden. Wie viel Zeit brauchte Heather insgesamt, um ihr Ziel zu manifestieren? Sechs Wochen. Natürlich, ein Haus zu bekommen ist nur ein Aspekt von Heathers Geldzauber (wenn auch ein sehr großer). Sie errang in dieser Zeit noch andere kleinere Erfolge und gewann einige verblüffende Einsichten über sich selbst, ihre Aufgabe im Leben und darüber, wie sie in die allgemeine Natur der Dinge passt. Das Haus war nur ein materieller Zugewinn.

Soll das heißen, dass schaurige Sachen passieren werden? Nein. Das heißt lediglich, dass die Dinge anders sein werden, sobald du ernsthaft mit dem Geldzaubern anfängst!

Korrespondenzen

Die meisten magischen Anwendungen arbeiten mit Korrespondenzen. Korrespondenzen sind Dinge oder Energien, die sich auf den Fokus des Themas beziehen. In diesem Buch liegt unser Augenmerk auf Reichtum. Bei jedem Zauber führe ich auch verschiedene Korrespondenzen an. In den Anhängen findest du außerdem einige Listen mit Austauschmöglichkeiten, die dir bei der Entwicklung deiner eigenen Zauberkünste helfen können.

Zu den Korrespondenzen zählen: Planetenstunden, Gottheiten, Kräuter, Öle, Planeten, Totemtiere, Zauberalphabete, Mondphasen, Farben und Elemente. Denke daran, du musst nicht alle Korrespondenzen verwenden, die ich in einem Zauber anführe. Wenn du mit Engeln nichts anfangen kannst, dann beziehe sie nicht ein. Wenn du nicht besonders gerne Pflanzenenergien einsetzt, dann lass sie weg. Andere Zusammensetzungen sind erlaubt. Ich präsentiere dir einfach nur eine große Auswahl an Möglichkeiten, die bei mir funktioniert haben.

14

Timing

Wie lange wird es dauern, bis sich dein Zauber manifestiert?

- Kleine Ziele manifestieren sich normalerweise (aber nicht immer) schneller als große, gewöhnlich innerhalb von dreißig Tagen (von einem Mond bis zum nächsten).
- Größere Ziele (der Kauf eines Hauses oder eines Autos, Förderung der Karriere) können länger dauern. Zum Beispiel manifestierte eine Gruppe von Testpersonen mit dem Material dieses Buches die jeweiligen Ziele, indem sie mehrere Zauber über einen längeren Zeitraum ausführte (das nennt man »Aufbauen«), und erntete folgende Früchte:
  Angela: Haus – sechs Wochen
  George: Haus – vier Wochen
  Sheila: Haus – sechs Monate
  Linda: Veröffentlichung ihres Buches – drei Monate
  Pat: Aufstieg im Job – zwei Monate
  Harry: Kappung leichtfertiger Ausgaben – fünf Monate
- Die alten Lehrer rieten: »Sprich einen Zauberspruch, und dann vergiss ihn.« Diese Lehrer meinten: Sag einen Spruch, aber mach dir keine weiteren Gedanken darum. Wenn man negative Gedanken in die Zauberarbeit einfließen lässt, torpediert man das angestrebte Ziel. Wenn du dir Gedanken über die Manifestation des Zaubers machst, dann legst du ihr Blockaden in den Weg, und es wird länger dauern, bis die Dinge eintreffen. Die Zauberei folgt dem Weg des geringsten Widerstands. Wenn du also keinen besonderen Grund hast, den Zauber entlang eines bestimmten Gedankengangs zu führen, dann lass ihn einfach laufen.
- Versuch nicht, den Zauber zu stark zu steuern. Nehmen wir an, du brauchst Geld und hast schon alles Erdenkliche ohne Er-

folg versucht. Jetzt willst du es mit Zauberei schaffen. Wenn du der Überzeugung bist, dass Geld nur mit den Mitteln zu dir kommen wird, die du bereits ausprobiert hast, wirst du scheitern. Überlass den Weg zum Geld dem Geist oder der Göttlichkeit. Du solltest aber auch in der »realen Welt« weiter daran arbeiten, deine Wünsche zu manifestieren.

- Denk daran, dass deine Kreativität und deine Bedürfnisse beim Zaubern großes Gewicht haben. Wenn heute z. B. Sonntag ist und der Zauber an einem Montag abgeschlossen sein soll, du ihn also unbedingt heute ausführen musst, dann tu das. Wenn der Zauber ein Material erfordert, das du gerade nicht zur Verfügung hast, so macht das gar nichts. Nimm einfach etwas anderes dafür.

Einen spirituellen Plan entwerfen lernen

Mit Zauberei an ein Problem heranzugehen oder ein Ziel anzusteuern ist nicht die ultimative Antwort auf unsere Schwierigkeiten. Zauberer denken sorgfältig nach, bevor sie sich für eine bestimmte Technik oder einen Zauberspruch entscheiden. Du musst dir einen umfassenden Aktionsplan überlegen, in dem die Zauberei nur einen von mehreren Bestandteilen darstellt. Ja, ein Zauberspruch kann in wenigen Minuten gesprochen und ein Gebet in ein oder zwei Augenblicken gemurmelt sein, doch ohne einen vollständigen spirituellen Plan wirfst du möglicherweise Schneeflocken ins Lagerfeuer.

Zu einem kompletten spirituellen Plan gehört:

- Logisches Nachdenken über das Ziel oder die Situation.

- Die Überlegung, wie deine Aktionen, die magischen wie die profanen, das Ergebnis des Zieles, die Situation oder andere Leute beeinflussen.
- Der Aufbau einer positiven Verstärkung um dich herum.
- Die Neuprogrammierung deines Verstands, so dass er Erfolg durch Nachdenken, Worte und Taten akzeptiert.
- Die möglichst starke Einbindung der Göttlichkeit in das, was du tust.

Ich weiß, all dies erscheint für so etwas wie einen einfachen Zauberspruch ein wenig kompliziert, aber wenn wir lernen, klug zu planen, haben wir größere Erfolgschancen. Viele der Zaubersprüche in diesem Buch lassen sich miteinander verknüpfen und können dir auf diese Weise helfen, einen spirituellen Plan zu entwickeln.

Warum der Zauber nicht immer funktioniert

Jeder geübte Zauberer hat schon Fehlschläge (Schauder!) erlebt. Durch Fehlschläge lernen und wachsen wir. Glaube nur nicht, weil du erfolgreich zappst, wird sich auch alles so wenden, wie du es willst. Denk daran, *Zauberei folgt dem Weg des geringsten Widerstands,* und wenn wir unsere Bitten nicht sorgsam und spezifisch genug formulieren, kann der Zauber scheitern.

Manchmal weiß der Geist besser als wir, was richtig für uns ist. Ich habe meinen Schülern (und meinen Kindern) stets beigebracht, dass man nicht das Selbstvertrauen verlieren darf, falls ein Zauber einmal nicht funktioniert oder ein spiritueller Plan fehlschlägt. Der Geist weiß, was wir brauchen und was wir nicht brauchen, und manchmal, wenn man es am wenigsten erwartet, wird der Geist einschreiten und unsere Arbeit bremsen. Manchmal tut der Geist dies zu unserem Schutz, und ein anderes Mal weiß der Geist, dass wir größere Aufgaben, höhere Ziele und wichtigere Aktivitäten haben, um die wir uns kümmern sollten.

Ich habe meinen Kindern beigebracht, den Geist während einer Zauberarbeit darum zu bitten, »das Beste für mich geschehen zu lassen«. Auf diese Weise erlaubt man dem Geist, einen bei der Arbeit und im Spiel zu leiten.

Die dunkle Seite – Zauberer gehen nicht dorthin

Aus Diebstahl, Drogen, Mord, Betrug oder einer anderen unmoralischen oder illegalen Quelle erworbener Reichtum wird beflecktes Geld genannt. Beflecktes Geld trägt negative Energie, die deinen Wohlstand insgesamt beeinträchtigen kann. Wenn ein Freund dir einen »heißen« Computer anbietet, öffnest du dich selbst negativen Dimensionen, die du vielleicht gar nicht sofort erkennst – und diese Negativität kann dich auf einem Gebiet, wo du es nicht erwartest, treffen. Vielleicht funktioniert der Computer gut, aber dafür geht dein Liebesleben den Bach hinunter – oder schlimmer noch, du wirst sehr krank.

Öffne dich dem Reichtum

Hab keine Angst davor, die Arme auszubreiten und den Reichtum der Welt um dich herum zu akzeptieren. Es ist meine feste Überzeugung, dass der Geist keinen von uns hierher geschickt hat, damit er unglücklich oder mit Armut geschlagen ist. Ich glaube, wir haben verschiedene Aufgaben zu vollbringen. Wir können Erfolg haben oder wir können scheitern. Alles in allem aber möchte der Geist, davon bin ich felsenfest überzeugt, dass wir unsere Zeit auf diesem Planeten, so gut wir nur können, genießen. Es gibt keinen Grund, warum man nicht anderen Gutes tun und gleichzeitig glücklich sein kann! Wenn du nichts dagegen hast, möchte ich dir etwas zuflüstern:

Das Geheimnis des großen Geldzaubers besteht darin, die eigene Furcht loszulassen.

Wie man das Buch benutzen sollte

Ich habe den Geldzauber in zwei Bereiche unterteilt: in die Manifestation von Reichtum und in die Verbannung von Armut. Du kannst am Buchanfang beginnen und dich durch die Reichtums-Zaubersprüche arbeiten und anschließend den Verbannungsteil in Angriff nehmen. Du kannst aber auch vor und zurück blättern und deine Arbeit den Mondphasen anpassen. Das liegt ganz bei dir. Du kannst auch auswählen, welchen Zauber du gerne für sich allein ausprobieren möchtest, oder du kannst sie so, wie sie hier angeordnet sind, durcharbeiten und dir auf diese Weise einen praktikablen, spirituellen Zauberplan aufstellen. Das ist allein deine Entscheidung.

2

Los! Reichtum schaffen

Du hast dich vermutlich unbewusst schon seit mehreren Monaten mit deinem finanziellen Status und Wohlstand beschäftigt, bevor du zu diesem Buch gegriffen hast. Beim Lesen des ersten Kapitels bewegte sich dein Unbewusstes weiter und bereitete sich darauf vor, Reichtum in deinem Leben zu schaffen. Es ist an der Zeit, den letzten Schritt hin zur Manifestation positiven Überflusses zu gehen. Die folgenden Zaubersprüche sind von Neumond (der Zeit der Anfänge) bis zum Ende des zunehmenden Monds (der Zeit des Wachsens) zu benutzen, wobei einige (wie die Reichtums- Andacht) an jedem Tag des Monats ohne Rücksicht auf die jeweilige Mondphase ausgeführt werden können. Du kannst mit nur ein oder zwei Zaubersprüchen arbeiten, oder du kannst am Beginn dieses Kapitels anfangen und dich bis zu seinem Ende durcharbeiten und alle anwenden. Das bleibt dir überlassen! Alle Sprüche können bei Vollmond ausgeführt werden, denn dieser steht symbolisch für die Gaben der Göttin und ist eine Zeit der Innenschau und Kraft.

Am Ende eines jeden Zaubers findest du einen Abschnitt mit der Überschrift *Zur Verstärkung des Zaubers.* Das sind nur Vorschläge, die vielleicht die erfahreneren Zauberpraktiker interessieren, doch auch Anfänger können ihre magischen Fingerchen an diesen Ideen erproben. Die Zaubersprüche sollen dir Energien oder spezifische Dinge bringen. Bevor du einen Zauber angehst, solltest du sorgfältig überlegen, was du wirklich willst. Sobald du dir darüber im Klaren bist – nichts wie los!

Reichtums-Andacht

In der Zauberei und Spiritualität ist eine Andacht ein schlichtes Gebet oder eine Meditation, die täglich mit dem Ziel durchgeführt werden, sich in eine positive Geistesverfassung zu versetzen, während man sich mit Geist verbindet. Manchmal machen wir uns um Geld so große Sorgen, dass wir, lange bevor auf unserem Bankkonto tatsächlich Ebbe herrscht, bereits negative Umstände in unseren Finanzen schaffen. Mein erster Schritt zu finanziellem Wohlergehen begann damit, dass ich diese besondere Andacht schrieb, die allmorgendlich und -abendlich zu sprechen ist und die mir helfen sollte, positive Gefühle über mich und meine Finanzen zu erzeugen.[1]

Benötigte Materialien: dein Gehirn.

Anleitung: Setz dich ruhig an einen Ort, an dem du nicht gestört wirst. Schließe die Augen. Atme drei Mal tief ein. Beginne (im Geiste oder laut) zu sagen:

In diesem Augenblick gibt es kein Gestern.
In diesem Augenblick gibt es kein Morgen.
In diesem Augenblick gibt es nur das Heute.
Göttin der Fülle, komm zu mir, komm zu mir.

1 Zu dieser Andacht inspirierte mich eine Technik der Debtor's Anonymous (Anonyme Schuldner).

Atme nochmals tief ein und wiederhole die letzte Zeile, bis du spürst, wie du dich entspannst. Sage:

Ich habe Kleider am Leib, etwas zu essen
und ein Dach über dem Kopf.
Göttin der Fülle, komm zu mir, komm zu mir.

Wiederhole die letzte Zeile so lange, bis du noch entspannter bist – bis du erkennst, dass das, was du sagst, wahr ist. (Was, wenn es nicht wahr ist? Sage es trotzdem. Dinge zu verbalisieren und zu denken, die man in der Gegenwart manifestiert sehen möchte, ist eine alte Zaubertechnik, die hilft, die eigenen Wünsche und Sehnsüchte in eine Form zu bringen.) Visualisiere die Dinge, die du *hast,* um deine Worte zu bekräftigen.

Atme wieder drei Mal tief ein und sage:

Ich bin vollkommen in Ordnung.
Göttin der Fülle, komm zu mir, komm zu mir.

Wiederhole die letzte Zeile, bis du noch entspannter bist. Jetzt stell dir vor, du bist ein starker Baum, deine Wurzeln stecken tief in Mutter Erde, deine Äste und Blätter strecken sich Vater Sonne entgegen. Heb die Arme hoch, wenn du willst, um die Visualisierung zu verstärken. Werde zu einem Teil der Gottes- und der Göttinnen-Energie des Universums. Lass los und spüre die Euphorie. Sage:

Ich bin eins mit dem Universum
und das Universum wird für mich auf jede Weise sorgen.
Göttin der Fülle, komm zu mir, komm zu mir.

Wiederhole diese Zeilen, bis du merkst, dass dich eine innere Ruhe durchströmt. Öffne die Augen und sage:

In diesem Augenblick gibt es kein Gestern, gibt es kein Morgen, gibt es nur das Heute. Ich habe Kleider am Leibe, etwas zu essen und ein Dach über dem Kopf. Ich bin vollkommen in Ordnung. Ich bin eins mit dem Universum und das Universum wird für mich auf jede Weise sorgen.
Göttin der Fülle, komm zu mir, komm zu mir.
Das ist wahr, sowie ich es sage. So sei es!

Klatsche in die Hände, halte sie ausgestreckt von dir und sage: »**In Frieden.**« Bewege die Hände nach rechts und sage: »**In Harmonie.**« Bewege die Hände nach links und sage: »**In Wahrheit.**« Zieh die Hände zurück an deine Brust und sage:

In Liebe. Mögen der Herr und die Herrin ihre Segnungen auf mich herniederregnen lassen.
Ich bin die Quelle meines Reichtums. So sei es!

Wenn deine finanziellen Sorgen dich im Laufe des Tages niederzudrücken beginnen, geh an einen ruhigen Ort und wiederhole die obige Bestätigung nochmals.

Zur Verstärkung des Zaubers:

- Beginne bei Vollmond mit der Andacht und halte sie jeden Tag bis zum nächsten Vollmond.
- Beginne, wenn der Mond ins Zeichen des Widders (das ist die Zeit für spirituelle Neuanfänge) tritt.
- Für die Suche nach einer neuen Richtung führe die Andacht

durch, wenn der Mond zur Hälfte das Zeichen des Widders passiert hat (nicht weiter, sonst könnten die Einflüsse des Stieres dich zum Egoismus lenken).

- Beginne damit an einem Sonntag in der Stunde der Sonne.[2]
- Halte sie an Beltaine (1. Mai) bei Sonnenaufgang.

Geldzauber mit Hilfe der Elemente

Jeder Tümpel, Berg, See, Fels, Komet, Brunnen, Stern, Baum, jede Blume, jedes Kraut und so weiter besitzt, genau wie die Tiere und Menschen, eine eigene Energieschwingung. Verschmelzen diese Schwingungen miteinander, so schaffen sie ein kollektives Unbewusstes. In der Welt der Elemente heißen diese kollektiven Energien Sylphen (Luft), Gnome (Erde), Salamander (Feuer) und Undinen (Wasser).

Wenn wir uns die Geschichte anschauen, stellen wir fest, dass nahezu alle Kulturen und Zivilisationen Erde, Luft, Wasser und Feuer als die vier Elemente verstanden, wobei die Sumerer als erste diese Überzeugung in den Mittelpunkt rückten.

Die Gnomen, Salamander, Sylphen und Undinen galten als übermenschlich in der Natur, geboren aus den vier Flüssen, die aus dem Bauch der Großen Mutter entsprangen und die vier Flüssigkeiten des Göttlich-Weiblichen repräsentieren: Wasser, Blut, Honig und Milch, die Wasser, Feuer, Luft und Erde entsprechen. Mittels dieser Informationen schuf ich den folgenden Geldzauber mit Hilfe der Elemente.

---

2 Falls du noch nie mit den Planetenstunden gearbeitet hast, so ist das nicht schlimm. In Anhang 3 findest du eine umfassende Erklärung.

Benötigte Materialien: vier kleine Schüsseln. Fülle eine mit Wasser, eine mit Drachenblutkraut (kann durch rotes Pulver oder roten Pfeffer ersetzt werden), eine mit Milch und eine mit Honig; ein Foto von dir.

Anleitung: Am Mittag (wenn die Sonne am kräftigsten ist) geh nach draußen und zeichne mit dem Finger ein Pentagramm[3] auf den Boden, den Sand oder Schnee.

Auf die Spitze des Sterns platzierst du eine Darstellung von dir (das Foto). Im Uhrzeigersinn stellst du die Schüsseln in folgender Reihenfolge auf: Rechter Zacken des Pentagramms – Osten; Luft; Honig. Rechter unterer Zacken des Pentagramms – Süden; Feuer, Drachenblut. Linker unterer Zacken – Norden; Erde; Milch. Während du die folgenden Worte sprichst, berührst du jeden Punkt, der das korrespondierende Element birgt, mit den Händen:

3 Die fünf Zacken stehen für Erde, Luft, Feuer, Wasser und die Intelligenz des Menschen (oberster Punkt), umgeben vom Geist des Gottes/der Göttin.

Geist meines Selbst, ich rufe Reichtum zu mir.
Geister des Nordens, mit meinem Willen und meinem Wunsch
bitte ich um die Segnungen der Gnomen.
Geister des Ostens, mit meinem Willen und meinem Wunsch
rufe ich herbei die Segnungen der Sylphen.
Geister des Südens, mit meinem Willen und meinem Wunsch
rufe ich herbei die Segnungen der Salamander.
Geister des Westens, mit meinem Willen und
meinem Wunsch
rufe ich herbei die Segnungen der Undinen.
Geist der Lebenskraft, der pulsiert und mich umgibt,
ich bitte um positiven Überfluss und Reichtum
in meinem Leben.
Meine Chancen und Möglichkeiten vergrößern sich
mit jedem Tag.

Berühre jeden Punkt und sage:

Milch, Wasser, Blut und Honig (sieben Mal wiederholen),
ich verbanne alle Negativität aus meinem Körper
und meiner Seele.

Achtung, dazu bewegst du deine Hände gegen den Uhrzeigersinn und sagst:

Honig, Blut, Wasser und Milch (sieben Mal wiederholen),
meine Chancen und Möglichkeiten vergrößern sich
jeden Tag.
Ohne jemandem zu schaden, so sei es!

Lass dein Opfer so, wie es ist. Setze die folgende Bestätigung hinzu:

Von diesem Tag an strömen positive Fülle und Wohlstand in mein Leben. Meine Träume werden wahr.

Zur Verstärkung des Zaubers:

- Führe ihn an einem Sonntag in der Stunde der Sonne oder des Jupiters aus.
- Führe ihn bei Neumond oder zunehmendem Mond durch.
- Führe ihn aus, wenn der Mond in der letzten Hälfte des Löwen steht, das ist auch eine gute Zeit, um ehrgeizige persönliche Ziele zu fördern.
- Führe ihn im Garten oder an deinem Lieblingsplatz im Hof aus.
- Führe ihn in der Abend- oder Morgendämmerung der Mittsommernacht oder des Lammas, 1. August, durch.

Reichtum vom Wasser

Jahrhundertelang hat die Menschheit die Meere und Flüsse dieses Planeten mit dem Füllhorn assoziiert. Der Wasserzauber ist ein äußerst machtvolles Medium, und die Fische und Säugetiere, die in den tiefen Strömungen leben, tragen die Essenz der Lebenskraft. Die antiken Mystiker glaubten, das Wasser sei das Hauptelement noch vor den drei anderen (Luft, Erde und Feuer), da es als erstes von der Großen Mutter kam. Die Idee des Wassers des Lebens wurde von einem Mythos zum nächsten weitergegeben, und einer Legende nach nahm die Göttin Ischtar das Wasser des Lebens in die Unterwelt mit, um Tammuz wieder zum Leben zu erwecken; das steht in Einklang mit den Legenden der Niederfahrt der Göttin. Ischtar ist eine starke Göttin, die in Zusammenhang steht mit Liebe, Sexualität, Krieg, Schöpfung, Schutz, Heilen und Gerechtigkeit, sie ist aber auch die Herrscherin des Himmels und der Hölle. Ischtar war sowohl eine wohltätige Göttin (die Mutter aller Menschen) als auch eine Göttin starker Macht (eine Kriegsgöttin, die alle anderen Götter in ihren Sandalen erzittern ließ, weshalb sie als »in Schrecken gehüllt« beschrieben wurde). Sie ist keine Göttin, die man leichtfertig anrufen sollte. Ischtar schenkt Leben, reiche Ernten, Wohlstand und Gesundheit. Ihre planetarische Entsprechung ist die Venus. Ischtar ist eine Göttin der Unterwelt, in der sie ihre irdischen Besitztümer aufgibt und ihre Zauberkünste zum Vorteil eines anderen opfert. Wie in den meisten Unterweltsagen kehrt Ischtar mächtiger als zuvor wieder zurück.

In diesem Zauber ziehst du Ischtars Energie auf dich, um in deinem Leben eine positive Fülle zu erzeugen und deine finanziellen Sorgen mittels geweihtem Wasser zu beseitigen. Ischtar wurde »Das Licht der Welt« genannt. Die liturgischen Lobpreisungen, die im Alten Testament Gott zugewiesen werden, sind den babylonischen Gebeten für Ischtar entlehnt.[4] Solltest du folglich beim Zaubern lieber die Psalmen einsetzen wollen, so kannst du ohne Schuldgefühle die Formulierung »er ist« durch »sie ist« ersetzen.

Die Fischdarstellung in diesem Zauber ist ein weltweites Symbol der Großen Mutter. Das Symbol besteht aus zwei Halbmonden, die sich an den Enden berühren und so die weiblichen Genitalien darstellen. Als Rom christianisiert wurde, waren die Menschen dort nicht bereit, die an der Göttin orientierte Fischsymbolik aufzugeben. Diese Christen schrieben den Mythos um das Symbol des Fisches so um, dass er zu ihrer neuen Religion

---

4 *The Woman's Encyclopedia of Myth & Secrets*, Seite 451.

passte. Die weiblichen Gefolgen Christi auf Erden, die Nonnen, erhielten ihren Namen von dem hebräischen Buchstaben (Nun), der Fisch bedeutet.

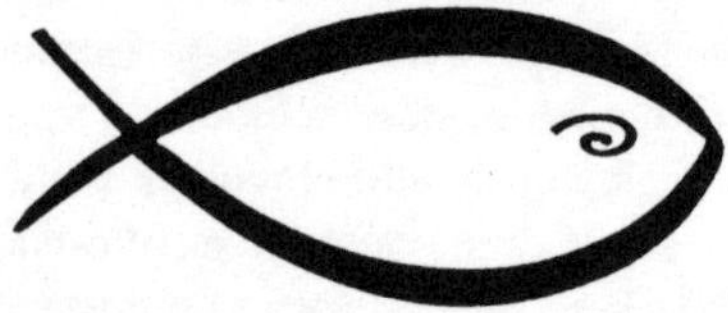

Benötigte Materialien: eine grüne oder blaue Kerze; Räucherwerk deiner Wahl; ein Kelch oder Becher mit Quellwasser; ein flaches Stück weichen Ton; ein Stift oder Nagel zum Beschriften des Tons.

Anleitung: Beginne den Zauber bei Neumond oder zunehmendem Mond. Rufe eine Göttlichkeit deiner Wahl oder einen der Götter oder Göttinnen, die oben erwähnt sind, an und bitte sie um ihre Hilfe. Zünde das Räucherwerk und die Kerze an. Mit dem Stift ziehst du einen schwimmenden Fisch in den Ton, während du daran denkst, dass Fülle und Wohlstand in dein Leben schwimmen. Besprenge das Bild mit geweihtem Wasser und bitte den Geist, dich mit Fülle und Wohlstand zu segnen. Stell dir vor, dass der Fisch vor Gesundheit und Leben glüht. Halte den Ton drei Mal über die Flamme der Kerze. Halte den Fisch dicht an deinen Mund und blase drei Mal langsam, mit gleichmäßigem Atem über das Bild. Sage dann:

Ich rufe dich an, o barmherzige Ischtar,
Sie, die als das Licht der Welt bekannt war.
Ich weihe diesen Ritus dir, Ischtar.
Du, die die Unterwelt bereist hat.

Du, die das Leben spendende Wasser
zurückbrachte.
Große Ischtar, ich bitte um Segnungen auf diesen
geweihten Fisch,
den ich mit meinen eigenen Händen gemacht habe.
Wasser des Lebens, ich bitte um Wohlstand.
Wenn ich diesen Fisch in das Wasser des (Name des
Sees, Flusses oder Ozeans) **eintauche,**
wird dieser Fisch in mein Lebensnetz
eine Fülle von Reichtum ziehen,
von Heilung und Harmonie im Namen von Ischtar.
Wasser des Lebens, bringe meinen Wunsch hervor.
Ich habe immer alles, was ich brauche, und noch mehr.
So sei es!

Wenn du willst, kannst du etwas Positives singen, summen oder meditieren, während du den Fisch hältst. Wenn du fertig bist, löschst du die Kerze. Danke der Gottheit für ihre Hilfe. Nimm das Wasser aus dem Kelch und den Tonfisch und vertraue sie dem Wasser, das du nanntest, an mit der Zusicherung, dass Wohlstand und Harmonie sich innerhalb eines Monats einstellen werden.[5]

Anmerkung: Ischtar ist keine Göttin, mit der man leichtfertig umgehen sollte. Nimm kein Geld aus unredlich erworbenen Gewinnen.

Zur Verstärkung des Zaubers:

- Führe ihn bei Neumond oder zunehmendem Mond durch.

---

5 Dieser Volkszauber wurde ursprünglich »Der Fischer« genannt und ist *The Grimoire of Lady Sheba* (Llewellyn Worldwide, 1972) entnommen.

- Führe ihn an einem Montag in der Stunde des Mondes durch.
- Führe ihn aus, wenn der Mond im Sternbild Waage steht, vor allem wenn du Fülle durch Teamarbeit zu erzielen suchst.
- Führe ihn um Mitternacht durch.
- Führe ihn am Strand, am Ufer eines Stromes, Flusses oder eines Wunschbrunnens aus.
- Führe ihn an Lichtmess (2. Februar) mit einer Schüssel geschmolzenem Schnee durch.

Reichtum durch Feuer, Mistel und Eiche

Auf der ganzen Welt – von Australien bis Südamerika, von Europa bis Nordamerika, von Asien bis in die hintersten Winkel Afrikas – gibt es in Hülle und Fülle Mythen über den Ursprung des Feuers. Einige behaupten, das Element Feuer sei das Geschenk der Götter, während andere Legenden meinen, dass wir – die guten Menschen – dieses wertvolle Element vor Zeiten gestohlen hätten.

In der britischen und deutschen Folklore werden die Energien von Mistel, Eiche und Feuer zu einflussreichen Riten, Zaubersprüchen und Mythen zusammengeführt. Die Mistel (eine heikle Pflanze) gedeiht nicht auf dem Boden. Es ist eine Schmarotzerpflanze, die auf Laubbäumen wächst. Vögel tragen die Samen der Mistel zu den Ästen und Gabeln der Bäume. Der verbreitetste Gastbaum der Mistel ist die stolze Eiche. Die Mistel hatte im irischen Paganismus (siehe *Die Weiße Göttin* von Ranke-Graves) keinerlei Bedeutung, aber sie bevölkert die Geschichte des gälischen Britanniens und Deutschlands. In Italien und Schweden glaubte man, die Kombination Eiche und Mistel sei wirksam gegen durch Blitze erzeugtes Feuer. In der nordischen Mythologie steht die Mistel in einer engen Beziehung zu Baldur, dem Gott des Guten und des Lichts. In der römischen Sage wird die Pflanze mit dem Helden Aeneas in Zusammenhang gebracht. Die Mistel deckt ziemlich viele Zauberbereiche ab, von Liebe, Fruchtbarkeit und Unsterblichkeit bis zu Schutz und Weihung. Hier werden wir ihre magischen Eigenschaften in Bezug auf Geburt und Reinigung nutzen. Im Laufe der Jahre entdeckte ich, dass ich, falls mir irgendwelche Kräuter fehlen, stattdessen Mistel nehmen kann und trotzdem die gewünschten Resultate erziele. Während der Julzeit kann man mich im Drei-County-Gebiet auf der Suche nach Händlern finden, die Misteln (nicht das Zeug aus Plastik) verkaufen. Ich verwende diesen kleinen Vorrat übers Jahr hinweg nur sparsam, bis ich ihn am nächsten Julfest wieder auffüllen kann. Ein klein wenig Mistel bei jedem Zauber ist sehr wirkungsvoll. Falls du Misteln in der Natur findest, sollten sie, so sagt die Zauberlegende, am ersten Tag nach Vollmond oder am Vorabend oder Tag der Mittsommernacht gesammelt werden, wobei die Pflanzen allerdings nie den Boden berühren dürfen.

Feuer ist ein Element der Reinigung, und wenn wir ihm die Eichenschnipsel und Mistel zufügen, können wir einen mächtigen Zauber für Wohlstand produzieren. Bei den Indianerstämmen im Osten der Vereinigten Staaten (den Shawnee, Fox und anderen Stämmen der Central Algonquians) glaubte man, dass der Rauch dieses Feuers die Worte des Gebets zum höchsten Gott emportrüge. Vor jeder Anrufung wurde etwas Tabak oder eine spezielle Kräutermischung auf das Feuer gegeben, um das Gebet wirksam zu machen.[6] In diesem Zauberspruch werden wir die Botschaft

---

6 *Standard Dictionary of Folklore, Mythology, and Legend.* Funk & Wagnall, 1984. Seite 390.

unserer Bedürfnisse durch das Medium Rauch zur Göttin Vesta schicken.

Vesta, eine römische Göttin, herrschte über die Angelegenheiten des Haushalts, Zeremonien, den Mutterzauber und war die Hüterin des Hauses. Sie wurde täglich, vor allem bei den Mahlzeiten, verehrt (wovon sich unser Wort *Vesper* herleitet), und in ihren Tempeln gab es ewige Feuer, die am 1. März erneuert wurden, obwohl ihr Festtag auf den 1. Juni fiel. Im Gegensatz zu anderen Göttinnen und Göttern, von denen es in den Heiligtümern des Volkes Statuen gab, war Vestas wahre Verkörperung das Feuer selbst. Diese Feuer waren, so glaubte man, das mystische Herz des Imperiums. Das Eingangsgebet richtete sich bei jedem Gottesdienst an Janus, das Abschlussgebet gehörte Vesta. Auch wenn es in ihrem Tempel kein Bildnis der Göttin gab, standen doch überall in Rom Statuen von ihr. Sie wurde häufig bekleidet und verhüllt dargestellt und hielt einen Kelch, eine Fackel, ein Zepter und ein Palladium (ein kleines, heiliges Objekt, das als Fetisch oder Statue galt). Im Jahr 382 wurde die Ausstattung aller Tempel entfernt, darunter auch das siebenhundert Jahre alte Mutter-Herz Vestas, doch die Vorstellung des ewigen heiligen Feuers wurde von den Christen übernommen und in verschiedenen Aspekten ihrer Verehrung (ohne die vestalischen Jungfrauen natürlich) verwendet.

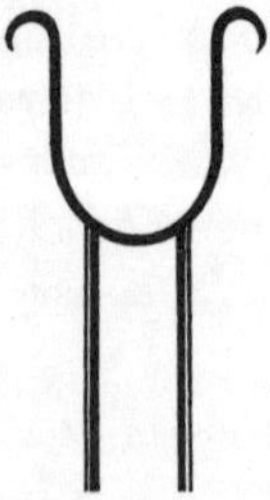

Benötigte Materialien: ein Holzkohlengrill; schnell entzündliche Holzkohle; eine sechzehntel Unze Mistel (etwa 2 Gramm); eine Hand voll Eichenschnipsel; ein schwarzer Marker oder Filzstift; Reichtumsräucherwerk deiner Wahl. Bevor du mit dem Spruch beginnst, zeichne mit dem schwarzen Marker das Symbol der Vesta auf jedes Holzstückchen.

Anleitung: Dieser Spruch funktioniert nicht nur gut bei Neumond oder zunehmendem Mond, er erfüllt seine Aufgabe auch sehr gut, wenn er bei Vollmond ausgeführt wird. Stelle einen alten Grill auf deinen Balkon oder Hof. Beräuchere die Stelle mit deinem bevorzugten Wohlstandsräucherwerk. Lege fünf Stücke schnell entzündlicher Holzkohle in die Mitte des Rosts. Zeichne ein Pentagramm in die Luft über der Kohle. Verstreue Mistel und eine Hand voll Eichenstückchen über die Kohlen. Singe, solange das Feuer brennt:

Göttin Vesta des heiligen Feuers,
heiliger Rauch trage höher,
Kräuter von Eiche und Mistel,
bewirkt den Zauber, helft ihm.
Durch ihr glühendes Licht,
ihr wachsendes Vermögen,
bring mir Wohlstand,
inneren Frieden, Liebe und Freude.
Ohne jemandem zu schaden, so sei es!

Wenn die Asche abgekühlt ist, gibst du ein wenig davon in eine Flasche und bringst diese ins Haus. Erneuere sie alle sechs Monate, indem du die Asche dem Wind opferst und durch neue ersetzt.

Zur Verstärkung des Zaubers:

- Führe ihn an einem Sonntag in der Stunde der Sonne aus.
- Führe ihn zur Mittagszeit aus.
- Führe ihn aus, wenn der Mond im Zeichen Schütze steht, falls dein Plan für Reichtum eine Reise oder ein sportives Unterfangen verlangt oder falls du einen aufrichtigen und direkten Austausch mit jemandem wünschst, der dich auf deinem Pfad weiterbringen kann.
- Führe ihn in den Anfangsstadien des Mondes in der Jungfrau aus, wenn deine Zauberarbeit mit dem Heim verbunden ist.
- Führe ihn an einer Feuerstelle aus.
- Führe ihn zur Mittsommernacht aus.

Reichtum von der Erde

Wie viele antike Göttinnen hat auch die römische Göttin Fortuna (*Tyche* bei den Griechen) viele Gesichter. Sie herrscht über die Fruchtbarkeit der Erde und ihrer Bewohner. Ihr Hauptzeichen des Tierkreises ist die Jungfrau. Fortuna steht auf einem Globus (der die Erde repräsentiert) und hält ein Füllhorn in der einen Hand, aus dem sie Glück und Überfluss über jene, die sie bevorzugt, ausgießt. Oft schrieb man ihr zu, die Angelegenheiten der Welt zu steuern. Als Fortuna Virginensis schützte sie die frisch verheirateten Frauen und half ihnen, für ihre Ehemänner schön und verführerisch zu bleiben. Als Fors Fortuna war sie die Göttin des Glücks. Fortuna ist häufig verschleiert oder mit verbundenen Augen dargestellt. Ihr Symbol ist das Glücksrad, das für ihren Titel »Sie, die das Jahr vorandreht« steht. Fortuna Augusti bildete die Grundlage für das Recht des Kaisers, das Römische Reich zu regieren. Da sie eine Tochter von Jupiter ist, zählen, neben ihrer Verbindung mit Glück, Überfluss und Wohlstand, der Planet Jupiter und der Donnerstag zu ihren Korrespondenzen. Die ungeraden Zahlen sind der Fortuna geweiht. Man kann sich an die Göttin wenden, um die eigenen Lebensumstände zu verbannen oder zu verschönern. Fortunas Festtag ist der 11. Juni. Diese Göttin nahm auch im christlichen Mittelalter eine herausragende Stellung ein und tauchte in lateinischen, deutschen und französischen Dichtungen und Liedern auf. Sie ist eindeutig eine Göttin der Erde und nimmt starken Anteil an deren Bevölkerung.

Ein anderes Element in unserem Zauber, der Zimt, reicht in die Geschichte des alten China zurück, wo das Gewürz zur Reinigung der Tempel und für prosperierende Unternehmen verwendet wurde. Zimt kommt von der aromatischen inneren Rinde eines Baumes aus der Lorbeerfamilie. Das Gewürz wird erstmals in chinesischen Schriften im Jahr 2700 v. Chr. erwähnt und wir finden Verweise auf seine Verwendung auch in Verbindung mit religiösen Riten in historischen Schriften, die mit jüdischen und arabischen Stammesaufgaben assoziiert sind. Einstmals wurde Zimt genauso hoch geschätzt wie Gold und Weihrauch. Heute gilt Zimt als »das« Gewürz für den Geldzauber.

Als ich diesen Reichtum-von-der-Erde-Zauber zu schreiben begann, funktionierten meine anderen Zaubersprüche so gut, dass es mir wirklich hervorragend ging. Leider vergaß ich, dass ich mit anderen Menschen (besonders mit meinen Kindern) zusammen lebte – und die haben immer irgendein ungewöhnliches Bedürfnis, das »sofort, Mama!« erfüllt werden muss. Um mit diesen ach so notwendigen Bedürfnissen zurecht zu kommen, stellte ich den folgenden Zauber zusammen, den ich den ganzen Mond hindurch, ohne Rücksicht auf die Mondphasen, ausführen konnte.

Benötigte Materialien: ein kleines Behältnis Zimt; eine dünne Spindel (so eine, wie man sie zum Aufspießen von Kassenbons verwendet – ich nahm auch einmal einen Kerzenhalter mit einem Dorn, weil ich keine Spindel finden konnte); drei kleine Geldscheine.

Anleitung: Beginnend an einem Donnerstag in der Stunde von Jupiter (so dicht an Neumond wie möglich), steckst du einen Geldschein auf die Spindel. Bestreu sie mit Zimt. Halte deine Hände über den Schein und sage:

Verschleierte Fortuna, Göttin des Glücks,
süße Schwester des Schicksals,
Dreherin des Schicksalsrades,
gewähre mir das Geschenk des Wohlstands.
Bring mir die Segnungen positiven Überflusses.
Ohne jemandem zu schaden, so sei es!

Stecke den zweiten Geldschein auf den ersten, bestreue ihn mit Zimt und sage:

Geister der Erde, Element des Reichtums,
starke Mutter meines Schicksals,
gewähre mir das Geschenk unbegrenzter Ressourcen.
Bring mir die Segnungen positiven Überflusses.
Ohne jemandem zu schaden, so sei es!

Stecke den dritten Geldschein auf den zweiten, bestreue ihn mit Zimt und sage:

Ich bin vom Glück begünstigt.
Ich bin erfolgreich.

Ich bin der positive Überfluss.
Ich bin der Wohlstand. So sei es!

Bevor du am Abend schlafen gehst, legst du ein oder zwei Geldscheine oben auf den Stapel. Vergiss nicht, ihn mit Zimt zu bestreuen, und sprich die letzte Bestätigung **(»Ich bin der Wohlstand«).** Wenn die Nadel voll ist, nimmst du alle Scheine bis auf den untersten ab und beginnst von vorne. Bringe die Geldscheine auf ein spezielles Bankkonto oder deponiere sie in einer magischen Geldschachtel, um sie für einen verregneten Tag aufzuheben. Wenn du aus irgendeinem Grund alles Geld aufbrauchen musst, wiederholst du den ganzen Zauber, beginnend mit einem neuen Geldschein. So wie das Geld auf der Nadel mehr wird, so wird sich auch deine finanzielle Situation bessern. Mein Bargeldfluss kletterte mit diesem Zauber beträchtlich in die Höhe. Als meine Kinder dann eines Morgens Geld für irgendetwas in der Schule brauchten, gab ich ihnen die Scheine von der Spindel, denn ich hatte kein anderes Geld im Haus. (Ich kann mich noch erinnern, dass meine Tochter die Nase rümpfte und sagte: »Was soll all der Staub?«) Der einzige Fehler, den ich beging, war der, dass ich ihr *alles* Geld gab – ich vergaß, den untersten Schein zurückzubehalten. Mein Geldfluss versiegte auf der Stelle. Ich machte den Zauber schnell noch einmal und dachte das nächste Mal daran, den letzten Schein auf der Spindel zu lassen!

Zur Verstärkung des Zaubers:

- Wenn dein Zauber Exaktheit verlangt, um Geld für ein bestimmtes Bedürfnis anzusammeln, so führe ihn aus, wenn der Mond im Zeichen der Jungfrau oder des Steinbocks steht.
- Führe ihn am Donnerstag in der Stunde des Jupiters aus.
- Die Zaubervorbereitung funktioniert gut, wenn der Mond von

Stier zu Zwillinge wechselt, aber unter dem Stiermond sind die Menschen gewöhnlich nicht bereit, Geld zu verleihen, weshalb dies eine schlechte Zeit für Bankangelegenheiten ist.

- Führe ihn in der Abenddämmerung aus.
- Führe ihn in einem Kreis aufrecht stehender Steine aus.
- Führe ihn an Beltaine (1. Mai) aus.

Reichtum von der Luft

Von den starken Winden der Veränderung über die sanfte Brise der Bewegung bis zum Gebrauch des heiligen Atems kann der Luftzauber die staubigen Spinnweben der Verzögerung reinigen, einen negativen Aspekt oder Einfluss umkehren oder ein Projekt in die richtige Richtung vorantreiben. Wie eine kleine Brise, die sich zu einer mächtigen Sturmfront aufbauen kann, werden wir eine antike Technik, die man kumulativen Zauber nennt, verwenden, die mit Wiederholungen arbeitet, einem Grundcharakteristikum vieler Volkszauber. Im kumulativen Zauber hängt man an den einen ursprünglichen Satz ein neues Element an und die wachsende Liste wird nach jeder Erweiterung von neuem rezitiert. Der Zauber wird vorzugsweise bei Neumond ausgeführt, es steht dir jedoch frei, welchen Tag oder welche Planetenstunde du wählst. Du brauchst dazu nur eine Glocke.

Der Glocke kam in zahlreichen Religionen auf der ganzen Welt eine religiöse Aufgabe zu, etwa in den assyrischen Praktiken 600 v. Chr., in China diente sie als Tempelglocke, sie spielte eine wichtige Rolle in den babylonischen Zeremonien, bei den ägyptischen Festen, bei den Anrufungen der Aborigines, Hinduriten und haitischen Voodoozauberern. Bis heute vermag niemand genau zu sagen, wann die Glocke in die menschliche Kultur trat.

Glocken wurden zu einer Vielzahl von Zwecken eingesetzt, etwa als Talismane, Fruchtbarkeitsamulette, zur Anrufung der Gottheit, zur Prophezeiung, als Heilmittel und natürlich als Musikinstrument. Die Europäer läuteten die Glocken, um die Kraft des Sturms zu durchkreuzen und die heranziehende Sturmfront zu brechen. In diesem Zauber verwenden wir die Glocke dazu, die Gottheit und die Elemente anzurufen und Negativität zu verbannen.

Anleitung: Halte deine Hände über die Glocke und bitte die Gottheit um Wohlstand und Schutz. Wenn du möchtest, kannst du deine Lieblingsgottheit nehmen. Ich verwende das Wort »Göttlichkeit« nur, um den Zauber einfach zu halten. Er muss mit Blickrichtung nach Osten (der Position der Luft) in der Morgendämmerung (oder sobald du aus dem Nachtschlaf erwachst – ich weiß, heutzutage gibt es Zwei- und Drei-Schicht-Arbeiter) ausgeführt werden. Beginne mit dem Satz: »**Ich rufe die Göttlichkeit herbei.**« Läute die Glocke und sage: »**Ich rufe Wohlstand und Schutz vom Element Erde herbei. Ich magnetisiere die positiven Dinge, die ich brauche und herbeiwünsche. Jetzt!**« Läute die Glocke. Jetzt sage:

Das ist der Zauber,
der hilft so sauber,
der beginnt mit Glocken (läute die Glocke),
der bringt Frohlocken,
der stoppt das Schlimme,
der wischt das Zimmer
und nimmt allen matten Schimmer.
Der uns Überfluss verschafft
durch der Wiederholung Kraft,
die den Wohlstand schafft.

Dieser kumulative Zauber funktioniert nicht nur, er ist auch ein hervorragendes Wortspiel für Kinder. Ich will dir etwas Hilfestellung leisten; man muss in etwa sagen:

1. Das ist der Zauber, der hilft so sauber, das ist der Zauber.
2. Das ist der Zauber, der hilft so sauber, der beginnt mit Glocken *(läute die Glocke),* der hilft so sauber, das ist der Zauber.
3. Das ist der Zauber, der hilft so sauber, der beginnt mit Glocken, der bringt Frohlocken, der beginnt mit Glocken *(läute die Glocke),* der hilft so sauber, das ist der Zauber.
4. Das ist der Zauber, der hilft so sauber, der beginnt mit Glocken, der bringt Frohlocken, der stoppt das Schlimme, der bringt Frohlocken, der beginnt mit Glocken *(läute die Glocke),* der hilft so sauber, das ist der Zauber . . . usw. Uff!

Anmerkung: Am Ende dieses langen Spruches kannst du genau sagen, was du willst, anschließend läutest du die Glocke.

Zur Verstärkung des Zaubers:

- Führe ihn in der Morgendämmerung aus.
- Führe ihn aus, wenn der Mond in den Zwillingen steht, falls du eine tiefgreifende Veränderung wünschst.
- Führe ihn an einem Freitag in der Stunde der Venus aus.
- Führe ihn auf einem Kliff, Felsen oder einem anderen hoch gelegenen Ort aus, wo stetig der Wind bläst.
- Führe ihn zu Ostara (Frühlings-Tagundnachtgleiche) aus.

41

Reichtum von der Jägerin

Die Hauptgöttin in diesem Spruch ist Artemis, die griechische Göttin der Jagd, die mit der römischen Diana gleichgesetzt wird. Die Helvetier verkürzten den Namen der ursprünglichen Mondgöttin aus Amazonien, von Artemis zu Artios – von da leitet sich die keltische Verknüpfung von Artemis und Artios her. Als Beschützerin der wilden Tiere, der Neugeborenen, der Seen, Flüsse, Wälder, des Mondes und der Nacht wird Artemis dir auch bei der Jagd nach Reichtum helfen. Die ersten Früchte der Ernte oder die erste Beute der Jagd wurden in Bäume gehängt zum Zeichen ihres Schutzpatronats und ihres Segens. Die mit ihr verbundenen Tiere sind der Bär (Heilen) und der Wolf (Familien- und Clanaktivität). Im Heiligtum der Artemis in Arcadia tanzten fünf- bis zehnjährige Mädchen, die »braune Bären« genannt wurden, bei Festen und Zeremonien der Göttin zu Ehren.

Artemis ist die Göttin der wilden Jagd, der Mörder der Hirsche, die Bogenschützin, die durch die schattigen Hügel und windigen Hochlande in atemloser Erwartung ihres Zieles reist und dabei ihren goldenen Bogen zum Töten bereit hält. Sie war Orthia (aufgerichtet) und Lygodesma (weidengebunden), Argotera (Jägerin), Coryphaea (vom Gipfel), Limnaea (vom See), Daphnaea (vom Lorbeer), Lyceia (vom Wolf), Aeginaea (von der Ziege), Caryastis (vom Walnussbaum), Ariste (die Beste) und Calliste (die fairste). Ihr Tempel war eines der sieben Weltwunder der Antike. Für jene, die nach ihren germanischen Wurzeln suchen: Artemis/Diana war bekannt als Dea Abnoba, Patronin des Schwarzwaldes. In diesem Zauber werden wir eine Anrufung verwenden, die einige der Namen beinhaltet, die der Artemisenergie zugeschrieben werden.

Der Wolf spielt mit seinen positiven wie negativen Assoziationen im Sagenschatz der Neuen Welt und Europas eine herausragende Rolle. Zunächst wurde er als Manifestation des Göttlichen und als Totem für viele Götter, Göttinnen und Menschengeschlechter gesehen. Doch mit der Entstehung des europäischen Aberglaubens und der Schaffung des Werwolfmythos wurden die Wolflegenden weniger positiv. Der Wolf bewirkte jedoch Gutes in den Sagen der Neuen Welt. Solltest du lieber einen Gott für diesen Zauber benutzen wollen, so kannst du unter vielen wählen, die gut zum Wolf passen: Zeus (griechisch-römisch), Apollo (griechisch-römisch), Anubis (ägyptisch) und Cernunnos (römisch-keltisch). Einige irische Stämme behaupteten, der Wolf sei ihr spiritueller Vater oder Geistvater. Sie trugen Wolfshäute und verwendeten Wolfszähne für Amulette. Die germanischen Stämme glaubten, wenn sie Wolfsfelle trügen, würden sich ihre Krieger in Wölfe verwandeln und die Macht besitzen, ihre Feinde zu besiegen. Der Wolf zeigt eine starke, auf der Familie basierende Totemenergie, die sich auf Einigkeit und Wohlstand für den Clan konzentriert.

Benötigte Materialien: Räucherwerk deiner Wahl; ein Kelch oder Becher voll Quellwasser; eine Platte voll Staub; ein Klumpen weicher Ton; ein Stift oder Nagel zum Ritzen in Ton; Schnur; dreizehn dünne grüne Bänder, zweiunddreißigeinhalb Zentimeter lang; dreizehn kleine Glöckchen; eine grüne Kerze.

Anleitung: Rufe Artemis an und bitte sie um Hilfe. Zünde das Räucherwerk und die Kerze an. Forme mit deinen Händen aus einem Teil des Tons einen Wolf, während du daran denkst, wie Überfluss und Reichtum in dein Leben einziehen. Mit dem Rest des Tons formst du drei Pfeile. Ritze deinen Namen mit dem Stift in den Wolfsbauch und danach deinen Wunsch, wobei du entweder Worte oder Bilder verwendest, auf die Pfeile. Wenn der Ton trocken ist, besprenge ihn mit ein paar Tropfen Quellwasser (ohne Zusatz von Salz) und dem Staub und bitte den Geist, dich mit Überfluss und Wohlstand zu segnen. Stell dir vor, der Wolf und die Pfeile glühten vor Gesundheit und Leben. Bewege den Wolf und die Pfeile drei Mal über der Flamme der Kerze hin und her. Halte den Wolf und die Pfeile nah an deinen Mund und blase drei Mal mit langen fließenden Atemzügen auf die Bilder. Dann sage:

Ich rufe dich an, Artemis, o gütige Artemis,
Königin des Mondes, Göttin der Weisheit.
Ich widme dir diesen Ritus. Ich bitte um Segnungen
auf diesen geweihten Wolf und diese Pfeile,
die ich mit meinen eigenen Händen geschaffen habe.
Wenn ich diesen Wolf und diese Pfeile
in meinem Garten *(oder im Wald)* **lasse, wird dieser Wolf**
einen Überfluss an Wohlstand, Heilung und Harmonie
in mein Leben bringen. Die Pfeile sind mein Geschenk
für Artemis, auf dass sie weiterhin
ihre wilde Jagd mit dem goldenen Bogen genießen möge,
während ihr vertrauter Wolf an ihrer Seite läuft.
Ich bestätige mein Recht auf Wohlstand. So sei es!

Du kannst singen, summen oder meditieren, während du an Positives denkst und den Wolf hältst. Versuche die vielen Namen der Artemis zu singen: »**Artemis, Diana, Devana – Tauro, Artios, Dea Abnoba.**« (Du kannst dir ein paar ihrer Namen aussuchen und in einem Gesang kombinieren). Binde eine Glocke ans Ende eines jeden Bandes. Knote die Bänder zusammen, stimme das Artemis-Lied an und binde dann die Bänder fest um die Glocke des Wolfs. Wenn du fertig bist, löschst du die Kerze aus. Danke der Gottheit für ihren Beistand. Löse die Bänder. Nimm das Wasser aus dem Kelch, den Staub, deinen Wolf und die Pfeile aus Ton und gehe in den Garten. Hänge das Tontier (mit der Schnur, die fest um seinen Bauch gewickelt ist) in einen Baum. Gieße das Wasser und den Staub am Fuß des Baumes neben die kleinen Pfeile, die du dort als Opfer zurücklässt. Bitte um einen letzten Segen, in dem Wissen, dass Reichtum und Harmonie sich innerhalb eines Monats manifestieren werden. Rufe die Gnome an und sage:

Gnome des Waldes
sammelt in Hülle und Fülle,
bringt mir Reichtum aus Artemis' Reich.

Lass den Wolf im Baum hängen.

Zur Verstärkung des Zaubers:

- Führe ihn bei Neumond aus.
- Führe ihn in der Stunde des Jupiter oder an einem Sonntag oder Donnerstag aus.
- Führe ihn um Mitternacht aus.
- Führe ihn aus, wenn der Mond im Schützen steht.
- Führe ihn während des Vollmonds nach dem Herbstvollmond aus.
- Führe ihn an Mabon (Herbst-Tagundnachtgleiche) aus.

Reichtum von den Ahnen

Die Toten, besonders jene, die dich geliebt haben, sind nicht machtlos. Die folgende Zeremonie birgt große Schönheit, Harmonie und Frieden – und ist sehr gut, wenn du ein wenig bedrückt über deine finanzielle Situation bist.

In dem Zauber werden wir die heilige Rassel verwenden, deren Geschichte so lang ist, dass wir einen ganzen Tag lang darüber lesen könnten und doch nicht fertig damit würden. Verschiedene Kulturen verknüpften die Rassel mit zahlreichen Zaubertechniken, doch meistens wurde sie dazu eingesetzt, Negativität zu vertreiben und mystische Geister zu rufen, wie Totemtiere oder tote Ahnen. Die Rassel wurde aus Draht (das ägyptische Sistrum) oder auch aus Kürbis (amerikanische Ureinwohner) gefertigt und dazu benutzt, Heilung und Wohlstand zu bringen, indem negative Kräfte verbannt wurden.

In diesem Zauberspruch beschwören wir die Energien jener, die uns liebten. Allerdings möchte ich hinzufügen, dass die Santerianer glauben, man solle die Hilfe des Ahnen erflehen, der einen zu Lebzeiten nicht sonderlich mochte oder schlecht behandelte, da dieser das schlechte Karma abarbeiten müsse. Wenn du jene um Hilfe bittest, eröffnest du ihnen die Möglichkeit, dir dies mit positiver Energie zu entgelten.

Auch wenn viele weibliche Gottheiten mit dem Reich der Toten verbunden sind, habe ich mich bei diesem Zauber doch für Barinthus entschieden, den mysteriösen unterweltlichen walisischen Meeresgott, der die Aufgabe hat, die Toten über das weite Meer der Zeit nach Summerland überzusetzen.

Benötigte Materialien: eine purpurrote Säulenkerze (Purpur wird häufig mit dem höheren Geist und der Energie der Toten assoziiert); sieben weiße Votivkerzen (für die Reinheit der Absicht); ein Foto der Person oder Personen, die dich liebten und gestorben sind (du kannst auch etwas, das ihnen gehörte, ein Schmuckstück, ein Lieblingsbuch oder dergleichen, dazunehmen); eine schwarze und eine weiße Feder (für das Gleichgewicht); eine Totengabe, die etwas von der Erde oder vom Meer enthält; dein bevorzugtes Räucherwerk; dein Wunsch, auf ein Blatt grünes

Papier geschrieben (oder mit grüner Tinte auf weißem Papier); eine Rassel (um Negativität zu verbannen und den Toten zu rufen).

Anleitung: Lege deinen Wunschzettel (*Petition* genannt) unter die Purpurkerze. Um die Kerze herum stellst du die sieben weißen Votivkerzen. Um diese wiederum arrangierst du das Foto des Ahnen, das von der schwarzen und der weißen Feder bedeckt ist, deine Opfergaben von der Erde oder aus dem Meer sowie das Räucherwerk.

Visualisiere einen Kreis aus weißem Licht um dich herum. Entzünde das Räucherwerk. Sprich deinen Wunsch laut aus. Rufe Barinthus, damit der die Toten auf seinem Boot des Lichts zu dem Kreis übersetzt, so dies der Willen der Götter ist. Zünde die Purpurkerze an und sage, wen du rufen und welchen Wunsch du manifestiert sehen möchtest. Zünde die weißen Votivkerzen zu Ehren des Verstorbenen an und nenne ihn laut bei seinem Namen. Sprich über die Geschenke, die er dir zu Lebzeiten machte, und entbiete ihm deinen Dank und Segen.

Bleibe ruhig sitzen. Visualisiere von neuem das weiße Licht um dich herum. Schließe die Augen. Schüttle die Rassel langsam und sanft. Rufe den Namen des Verstorbenen und bitte ihn, deinen Wunsch zu hören. Sei immer aufrichtig und offen in deinen Worten. Wiederhole deinen Wunsch in einem Singsang (die Kommunikationsverbindung zwischen dir und dem Toten ist nicht immer klar, weshalb du sicherstellen musst, dass er genau versteht, was du willst). Visualisiere im Geiste deinen Wunsch, während du weiter die Rassel schüttelst. Hör damit auf, wenn die Visualisierung schwindet.

Halte deine Hände über die Purpurkerze (nicht zu dicht!) und sage:

Ich bitte den Toten, meinen Zauber einzubinden.
Die Luft beschleunige seine Reise gut,
Feuer gebe ihm der Geist, Stärke und Liebe;
(Name des Toten), gewähre diese Petition von oben.[7]

Blicke in die Kerzenflamme und visualisiere, wie dein Wunsch in Erfüllung geht. Entspanne dich. Atme einmal tief ein. Danke dem Verstorbenen für seine Hilfe. Bitte Barinthus, den geliebten Toten zurück nach Summerland zu führen. Danke Barinthus. Lass die Kerzen fast ganz herunterbrennen. Hebe die Kerzenstummel auf, bis sich dein Wunsch manifestiert hat. Vergrabe sie dann auf deinem Grund und Boden. Lege dein Opfer an eine besondere Stelle in deinem Garten.

Zur Verstärkung des Zaubers:

- Führe ihn bei Vollmond aus.
- Führe ihn montags (Familienliebe) in der Stunde des Saturn (der Planetenstunde der Toten) aus.
- Führe ihn um drei Uhr morgens (der täglichen Stunde der Toten) aus.
- Führe ihn an Samhain (31. Oktober), Allerheiligen oder Allerseelen aus.

7 Dem verstorbenen Scott Cunningham zugeschriebenes Lied.

Engelszauber für Reichtum

Ich habe festgestellt, dass der Engelszauber ein unglaubliches positives Vehikel bei verschiedenen Zauberanwendungen ist. Die Geschichte der Engelspräsenz reicht bis vor die Entstehungszeit des Judentums und des Christentums zurück. Tatsächlich verwendeten unsere heidnischen Vorfahren diese Botengeister in ihrer einfachen Spiritualität sehr stark. Vielleicht gefällt dir dieser Spruch nicht, weil du denkst, die Engelsnamen seien rein christlich. Ich habe jedoch festgestellt, dass viele Engelsnamen älter als das Juden- und Christentum sind und ihre Wurzeln im sumerischen und chaldäischen Mythos haben.

Bei diesem Spruch verwenden wir das Konzept des mnemonischen Reimes. In der hebräischen Fassung der Heiligen Schrift gibt es ähnliche Beispiele (Psalm 119, der aus zweiundzwanzig achtzeiligen Abschnitten besteht, was den zweiundzwanzig Buchstaben des hebräischen Alphabets entspricht) sowie im ersten erhalten gebliebenen englischen Gedicht in Reimen aus dem Jahr 1375, nämlich Chaucers *ABC,* einer Hommage an die Heilige Jungfrau (einem französischen Original entnommen, das ein halbes Jahrhundert früher geschrieben wurde). Als ich die Folklore und Magie der Pennsylvania-Deutschen erforschte, stieß ich auf kürzere Versionen – offenbar meinten sie, nur die ersten paar Zeilen würden bei ihren Zauberformeln benötigt, nicht das ganze Alphabet. Wir werden hier jedoch bei der ursprünglichen mnemonischen Vorstellung bleiben und vierundzwanzig Engelsnamen verwenden, mit denen wir einen Engelsspruch für Reichtum kreieren.

Anleitung: Dieser Spruch kann jederzeit aufgesagt werden. Er funktioniert gut, wenn du dabei eine Rassel oder eine Trommel einsetzt. Er lässt sich auch in Gruppen ausführen, wobei eine Person die Zeile vorsagt und die anderen dann diese Zeile wiederholen und mit einem »Ho!« beenden.

(Nenne deine Absicht:) ______________________________

Ariel beginnt es.
Baradiel führt es.
Die Chalkydri singen es.
Devas manifestiert es.
Elohim will es.
Die Fravashi bessern es.
Gabriel bringt es.
Die Hafaza beobachten es.
Die Ischim halten es im Gleichgewicht.
Jael bewacht es.
Kadmiel gebärt es.
Lahabiel unterstützt es.
Michael zieht es auf.
Nebo dient ihm.
Ofaniel sieht es.
Die Patronatsengel weihen sich ihm.
Die Queen der Engel spricht es.
Raphael inspiriert es.
Sandalphon betet es.
Die Throne heiligen es.
Uriel stärkt es.
Vrevoil enthüllt es.
Die Wächter schützen es.
Xathanael beschirmt es.
Yahriel legt den Glanz des Mondes auf es.
Die Zodiakengel besiegeln es.
Und der Geist bringt es durch Zeit und Raum.
So soll es sein. Ho!

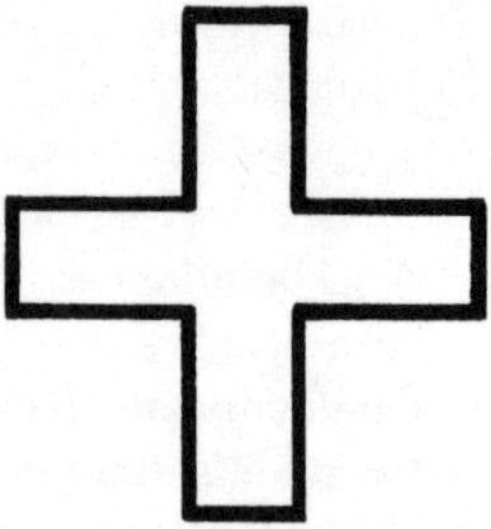

Mache in der Luft mit deiner dominanten Hand oder der Rassel das magische Zeichen des gleichschenkligen Kreuzes. (Nur zu deiner Beruhigung: Ich habe alle Engelskorrespondenzen zweifach überprüft und versucht, keine zu verwenden, deren Namen unglücklicherweise durch historische Fehlinterpretationen befleckt wurden.)[8]

Wenn du eine heidnischere Version mit westeuropäischen Gottheiten vorziehst, dann versuch es mit der folgenden:

Aradia beginnt es.
Brigid befeuert es.
Cerridwen zaubert es.
Dagda manifestiert es.
Echo wiederholt es.
Epona beschützt es.
Gwen blickt lächelnd darauf.
Habonde lässt es wachsen.
Inghean Bhuide segnet es.

---

8 Du findest diese Informationen in *Angels von A to Z – A Who's Who of the Heavenly Host* von Matthew Bunson. Crown Trade Paperbacks. New York 1996.

Japheth verstärkt es.
Korrigan nährt es.
LoBan verschönert es.
Melusine zieht es groß.
Nair unterstützt es.
Olwen scheint auf es.
Phlox bringt alle Elemente zu ihm.
Die Queen der Engel spricht es.
Rhiannon verleiht ihm Charisma.
Scota betet es.
Die Dreifaltigen Göttinnen heiligen es.
Urganda stärkt es.
Veleda enthüllt es.
Die Wyrds beschützen es.
Ygerna legt den Glanz des Mondes auf es.
Zadan autorisiert es.
Und der Geist bringt es durch Zeit und Raum.
So sei es. Ho!

Zur Verstärkung des Zaubers:

- Führe ihn im Freien unter dem Sternenhimmel aus.
- Führe ihn aus, wenn der Mond im Löwen steht, um andere zur Großzügigkeit zu veranlassen.
- Führe ihn sonntags in der Stunde von Venus aus.
- Führe ihn zu Weihnachten, am 21. Dezember (Jul) oder am Neujahrstag aus.

Kreisel-Meditation für Reichtum

Ich will dir eine Pause von der Geschichte und Sage gönnen. Die folgende kleine Meditation hat mir wirklich geholfen. Setze dich an einem beliebigen Tag zwischen Neumond und Vollmond ruhig hin und schließe die Augen. Entspanne dich. Betrachte dich selbst als Reichstumsenergie. *Sei* die Energie des Reichtums. Singe oder wiederhole im Geiste:

Kreisel, kreisel rund, rund;
rund, rund, kreisel rund.

Dann werde ruhig und konzentriere dich. Stell dir vor, dass du die Energie des Erfolgs und Reichtums bist. *Sei* die Energie des Reichtums. Dieser Spruch wirkt hervorragend und kann jederzeit ausgeführt werden. Er hilft vor allem, wenn finanzielle Sorgen dich niederzudrücken beginnen.

Zur Verstärkung des Zaubers:

- Lade eine grüne Kerze mit Fingerkraut, Minze und Eisenkraut (zum Laden siehe Seite 146), zünde sie an.
- Führe ihn bei Vollmond in der Stunde von Jupiter aus.
- Benütze eine Trommel oder Rassel beim Intonieren des Spruches.
- Führe ihn am 1. Januar (Neujahr) oder an deinem Geburtstag aus.

Reichtum durch amerikanischen Zauber

Unseren Familienaufzeichnungen zufolge kamen meine Vorfahren Anfang des 17. Jahrhunderts aus Deutschland nach Amerika. Sie wurden Teil des Erbes der Pennsylvania-Deutschen in den Counties York, Adams und Cumberland. Ich bin stolz darauf, sagen zu können, dass sie nie Sklaven besaßen und im Grunde ein schwer arbeitender Haufen waren, wenngleich ich südlicherseits direkt von einem Erweckungsprediger abstamme, der vierzehn Kinder hatte und Besitzer einer Destille in Hackers Creek, West Virginia, war. (Na gut, das war die schottische Seite der Familie, und ich bin auf sie genauso stolz.) Im Norden lernten meine deutschen Vorfahren schnell, ihre personalisierte Volksmagie, das Pow-Wow, zu ihrem Vorteil zu nutzen. Sie arbeiteten mit den Zauberzeichen, die heute noch populär sind.[9]

9 Bei Jacob Zook's Hex Shops, Inc., P. O. Box 104, Paradise, PA, 17562, gibt es vorgemalte Zauberzeichen zu kaufen. Auch in Deutschland findet man Hexenbedarf in Esoterikgeschäften und übers Internet.

Die Abbildung zeigt das Zauberzeichen für Überfluss und guten Willen für alle. Dieser typische achtzackige Stern ist mit Engelsenergien verknüpft. Der große Stern wird zumeist in Blau dargestellt und zwischen jeweils zwei Zacken ragen vier rote Tulpen aus ihm hervor. Der große Stern steht für Schutz, Glück und freundliches Geschick. Ein zweiter, kleinerer achtzackiger Stern bildet das Zentrum der Zeichnung und ist abwechselnd in Rot und Schwarz ausgeführt. Das Rot steht für die Macht der Sonne und der eigenen Abstammungslinie. Das Schwarz steht für die Gaben der Erde und den Schutz vor Negativität. Die blauen Einzelsterne und der grüne Weizen symbolisieren Überfluss und guten Willen, wohingegen die roten Tulpen Glauben und Vertrauen sowie das Füllhorn positiver Transformation repräsentieren. Die Tulpen gelten als »Hexenfüße«; das geht auf die Symbolik des Waldgottes und seinen Pferdefuß zurück. Der äußere, grüne Kreis hält die Energien des Überflusses zusammen, so dass sie die Macht fokussieren und dein Heim und deinen Besitz schützen. Lege dieses Zeichen auf deinen Altar, wenn du für Überfluss und guten Willen arbeitest. Lass eine braune Kerze brennen, um die Energien freundlich zu stimmen.

Benötigte Materialien: Zauberzeichen; Pergamentpapier; Buntstifte, Marker oder Malfarben in Blau, Rot, Schwarz und Grün; eine braune Kerze; Quellwasser; Geldöl deiner Wahl; eine Rassel oder Trommel.

Anleitung: Zeichne bei Neumond das Zauberzeichen auf ein Stück Pergament (weißes Papier geht auch, wenn du kein Pergament bekommst, obwohl sich die Zeit lohnen könnte, im Geschäft für Künstlerbedarf nachzufragen und dort eine Rolle zu erstehen, denn du kannst alle möglichen Zaubersprüche mit Pergament verbinden.) Du kannst auch einen weißen Papierteller oder eine runde Holzscheibe nehmen, die weiß grundiert ist. Koloriere die Zeichnung mit Buntstiften, Markern oder Malfarben.

Entscheide, welche Art von Reichtum du wünschst. Wenn du zum Beispiel einen Reichtum an Familienliebe haben möchtest, dann wählst du einen Sonntag, Montag oder Freitag, um deinem Zauberzeichen Energie zu verleihen. Eine Fülle von Geld, Besitz und beruflichem Erfolg korrespondiert mit dem Donnerstag, und wenn du stärker an Kommunikationsfragen interessiert bist, wäre der Mittwoch der beste Tag. Wähle deine Planetenstunde auf die gleiche Weise aus.

Besprenge die Rückseite des Zauberzeichens mit Quellwasser. Erfülle es mit Energie, indem du deine Hände über das Zeichen hältst und die Göttlichkeit um Segnungen bittest. Verstärke die Ermächtigung, indem du mit dem Geldöl deiner Wahl auf der Rückseite des Zauberzeichens ein gleichschenkliges Kreuz (siehe Seite 50) streichst. Du kannst das Reichtumsöl-Rezept in diesem Buch (Seite 71 f.) verwenden oder du kannst ein Öl in einem Zaubergeschäft oder Esoterikladen kaufen. Wenn du kein Geldöl bekommst, kannst du auch Oliven- oder Mandelöl verwenden. Ich berühre zumeist auch jede Tulpe und jeden Stern mit dem Geldöl.

Halte die Hände über das Zauberzeichen und singe drei Mal: **»Reichtum, komm zu mir.«** Dann nimm die Rassel oder Trommel und fahre fort, bis du müde bist:

Ohne jemandem zu schaden. Mein Wille wird geschehen.
So sei es!

Trage das Zauberzeichen in jede Himmelsrichtung (N, S, O, W) und bitte die Elemente, dir ihren Segen zu geben. Visualisiere, wie die Energie jeder Himmelsrichtung das Zauberzeichen erfüllt. Halte das Zeichen in die Höhe und bitte den Geist ebenfalls um

Segnungen. Hänge das Zeichen an einer gut sichtbaren Stelle deines Heims auf. Fülle es jeweils bei Neumond wieder mit Energie auf.

Zur Verstärkung des Zaubers:

- Die Hauptfarben des amerikanischen Pow-Wow waren Rot, Weiß und Schwarz: Rot für das Blut des Erbes, Weiß für Reinheit und Schwarz für die Reichhaltigkeit der Erde und für Schutz. Lass Kerzen in diesen Farben brennen, während du die Energien des Zauberzeichens beschwörst.
- Führe ihn, wenn du Vitalität bekommen willst, aus, wenn der Mond sich im Löwen befindet oder, falls es um Fragen des Hauses geht, wenn der Mond in der Jungfrau steht.
- Führe ihn zu Lammas (1. August) oder während des Vollmonds im August aus.
- Führe ihn im Zeichen des Löwen (das bevorzugte Zauberfenster des Pow-Wow), 21. Juli bis 23. August, durch.

3

Reichtum manifestieren

Es ist an der Zeit, deine finanziellen Ziele etwas genauer unter die Lupe zu nehmen, vor allem die Frage, inwieweit diese Ziele sich auf spezifische Themen beziehen. Im letzten Kapitel haben wir ganz allgemein mit dem Thema Reichtum gearbeitet, auch wenn du jeden der Zaubersprüche dazu benutzen konntest, um ein bestimmtes Projekt zu verstärken. In diesem Kapitel nun werden wir uns auf spezielle Themen konzentrieren, etwa auf deinen persönlichen Geldfluss oder darauf, wie man teure Dinge manifestiert, den Kontostand erhöht und andere finanzielle Unternehmungen zu einem positiven Ende bringt. Wir werden auch ein wenig über das Thema Projektaufbau und unsere Beziehungen zu anderen in Bezug auf unseren Wohlstand sprechen.

Wie im letzten Kapitel korrespondieren die hier vorgestellten Manifestierungszauber im Allgemeinen mit der Zeit von Neumond (um Anfänge zu manifestieren) bis zum zunehmenden Mond (um Wachstumsenergien hinzuzufügen). Auch hier wird der Vollmond zur Inspiration und Macht eingesetzt. Außerdem habe ich jedem Zauber Vorschläge hinzugefügt für jene, die gern eine kompliziertere Variante ausprobieren möchten.

Die Gruppenenergie

Ich habe festgestellt, dass der Gruppengeist der Familie und enger Freunde in Zusammenhang mit der eigenen Gesundheit und dem eigenen finanziellen Erfolg steht. Wenn ein Mitglied der Familie Hypochonder ist, kann man darauf wetten, dass zahlreiche Familienangehörige die Gewohnheit haben, für sich selbst Krankheiten zu ersinnen, selbst wenn sie ihre Ängste nicht laut aussprechen. Wenn eine Person unter Misshandlung leidet, dann leidet die gesamte Familie darunter. Nichts – kein Schmerz, keine Trauer, kein Glücksgefühl, keine Freude – trifft nur eine Person alleine. Beim eigenen finanziellen Status ist es das Gleiche. Wenn die Eltern sich ständig um Geld sorgten und fortwährend davon redeten, arm zu sein, dann kannst du (als Erwachsener) ebenso denken (ich komme aus dieser Kategorie). Dieser negative Denkprozess zieht negative Energie in die Familienfinanzen. Wiederholte Behauptungen, wie arm du bist, bewirken einen ekelhaften Haufen Misserfolge. Als ich noch ein Kind war, bekam ich ständig zu hören: »Die Bakers (so lautete mein Familienname) haben nie Geld.« Ich hörte diesen Satz so oft, dass ich daran glaubte. Ich kämpfte mich viele Jahre lang durch diese Art negativen Denkens und finanziell sehr harte Zeiten, vor allem als meine Kinder noch sehr klein waren.

Wenngleich alle magischen Anwendungen auf unserem Glauben an eine positive Zukunft basieren, habe ich festgestellt, dass der Geldzauber erfordert, dass man alle negativen Hemmnisse (Gedanken und Gefühle) loslässt, die man vielleicht in der Vergangenheit über Geld hegte. Du musst die Arme ausbreiten und den Überfluss an Wohlstand annehmen. Das ist eine Entscheidung. *Visualisiere Reichtum als eine Energie an und für sich – eine Energie, von der für uns alle genug vorhanden ist.*

Ich habe ferner herausgefunden, dass Panik, Geld betreffend, eine schrecklich ansteckende Seuche ist, besonders in einem abgeschlossenen familiären Umfeld. Ich arbeitete seit über einem Jahr am Geldzauber und alles lief bestens. Auf einmal segelte eine hohe Rechnung in den Schoß der Familie. Normalerweise bin ich diejenige, die Panik bekommt, und mein Mann ist der ruhige. Diesmal war es anders. Er raste und tobte. Er rannte auf und ab. Er hatte das »Wie sollen wir ...?«-Syndrom. (Wie sollen wir überleben? Wie sollen wir das jetzt bezahlen? Wie sollen wir all die anderen Dinge später bezahlen? Hätte ich das gewusst, hätte ich nicht für ... Geld ausgegeben. Du verstehst, was ich meine?) Seine Panik war ansteckend und bald waren wir alle in heller Aufregung. Die Quälerei begann. Alte emotionale Wunden rissen wieder auf, die noch nicht richtig verheilt waren. Ich fand mich in diesem schrecklichen emotionalen Zustand wieder, in dem ich steckte, bevor ich ernsthaft an meinem finanziellen Wohlergehen zu arbeiten begonnen hatte.

Dieses Mal bestand der Unterschied darin, dass ein Teil von mir mit kaltem analytischem Blick beobachtete, was da passierte, und ich erkannte, dass die Dinge gar nicht so schlimm waren, wie es schien. Es war nichts weiter als ein kleiner Rückschlag (oder auch nur eine gut gelernte Lektion). Ich konzentrierte mich darauf, meinen Mann zu beruhigen, und jedes Mal, wenn er etwas Negatives aus der Vergangenheit vorbrachte, sagte ich sanft zu ihm: »Dahin willst du nicht zurück, das hat auf die jetzige Situation keinen Einfluss.« Und dann machte ich mich an die Zauberarbeit, die notwendig war, um unsere finanziellen Angelegenheiten zu bessern, so dass ich diese Rechnung ohne Probleme bezahlen konnte. Es funktionierte, und wir lernten beide etwas aus dieser Erfahrung.

Denke lange und intensiv über deine frühere und deine jetzige finanzielle Situation nach, während du am Geldzauber arbeitest. Löse dich bewusst von negativen physischen und emotionalen

Verhaltensmustern. Lerne, alte Wunden zu heilen, die mit finanziellen Fragen verknüpft sind.

Ebbe und Flut in deiner Kasse[1]

Vor langer Zeit lernte ich, dass unser Leben mit der Energie der Jahreszeiten auf- und niedergeht. Ich entdeckte außerdem, dass jeder Mensch einen persönlichen Zyklus besitzt, der geschäftige Zeiten und Brachzeiten beinhaltet, die nicht unbedingt etwas mit den jahreszeitlichen Energien, Planeteneinflüssen oder Mondphasen zu tun haben müssen. Diese Zyklen sind gesund und normal. Von hier aus ist es nur ein kurzer Schritt zu der Schlussfolgerung, dass diese Energiebewegungen in unserem Leben auch Ebbe und Flut unseres Wohlstands beeinflussen. Andere Dinge in unserem Leben verlaufen ebenfalls in Wellenbewegungen: Beziehungen, Emotionen, Schlaf usw. Wenn ein Teil unseres Alltags zu exzellenter Form aufläuft, kann etwas anderes ins Schwanken geraten oder sich verlangsamen, ohne dass uns dies bewusst wird. Wie können wir mit diesen Zyklen, wenn sie so natürlich sind, zurechtkommen – vor allem wenn wir über harte, kalte Münzen reden?

Du solltest als erstes deinen persönlichen Zyklus kennen lernen. Setz dich hin und gehe Ebbe und Flut deines Geldes in einem Monat und dann in einem Jahr durch. Wenn du der Typ bist, der eins nach dem anderen tut, willst du vielleicht mit Buntstiften eine

1 Das Konzept vom Geldein- und -ausgang entstammt Sanaya Romans und Duane Packers Buch *Creating Money, Keys to Abundance* (siehe Bibliografie). Ich empfehle dieses Buch all denen, die budgetbewusst leben.

Grafik entwerfen, mit deren Hilfe du die Tage hervorheben kannst, an denen du emotional diesen »kritischen« Zustand erreichst. Überlege kreativ, wie du in diese natürlichen Gezeiten Ausgewogenheit bringen kannst. Lerne als zweites die negativen Gefühle zu beherrschen, die du mit diesen natürlichen Brachzeiten verbindest. Suche dir für diese paar Tage (oder Wochen) positive Aktivitäten. Du kannst in deinem Diagramm mehrere Spitzen und Talsohlen, oder vielleicht auch nur einige wenige, entdecken. Jeder Mensch ist anders.

Bedeutet das, dass du an manchen Tagen definitiv arm bist und an anderen reich? Nein. Das heißt lediglich, dass die Energiezyklen verschieden sein werden und du dich auf diese persönlichen Zyklen einstimmen und dann entsprechend handeln musst. Wenn du dich durch die Reichtums- und Verbannungs-Zaubersprüche (im nächsten Kapitel) arbeitest, wirst du damit bereits begonnen haben, denn ich kann mir vorstellen, dass du in dem Buch schon ein bisschen quer gelesen hast, um einen Zauber zu finden, der deinen Bedürfnissen sofort gerecht wird. Wenn du das nicht getan hast, macht es natürlich auch nichts.[2]

In einem achtundzwanzigtägigen Mondzyklus gibt es, wie wir wissen, die Zeit, in der man Dinge auf sich ziehen kann (von Neumond bis Vollmond), sowie eine Zeit, in der man negative Dinge von sich wegstoßen kann (von Vollmond bis Neumond). Wir wissen auch, dass der Vollmond häufig als Zeitpunkt der Ausgewogenheit betrachtet wird, in der sowohl Manifestierungs- als auch Bannsprüche gut funktionieren. Wir wissen außerdem, dass wir einen persönlichen Zyklus haben, der sich nach dem Mondzyklus, den Jahreszeiten oder planetarischen Einflüssen richtet

2 Wenn dir wirklich am Zauber-Timing liegt, solltest du vielleicht einen Astrologen zu Rate ziehen, der einen Blick auf dein Geburtshoroskop wirft.

(oder auch nicht). Wie bringen wir all diese Energien dazu, zusammenzuarbeiten, um positiven Überfluss zu erzeugen? Das ist eigentlich gar nicht so schwer.

Welche Art Energie bewegt sich heute gerade über dir? Kommt Geld in einem gleichmäßigen Strom herein oder fließt mehr Geld zur Tür hinaus? Vielleicht ist es ein ausgewogener Tag (oder so eine Woche) – nichts kommt rein, nichts geht raus.

Geldeingang. Das ist großartig, aber sabotiere dich nicht selbst, wie ich es früher immer getan habe. Es kam Geld herein, die Dinge liefen hervorragend und ich war beschäftigt. Manchmal dachte ich, ich hätte zu viel zu tun, also setzte ich mich hin und dachte darüber nach, dass die Dinge ein bisschen langsamer laufen sollten, bis ich wieder alles im Griff hätte. Ich projizierte buchstäblich, dass die Dinge zum Stillstand kamen. Fehler. Nach ein paar Tagen ging mehr Geld raus als hereinströmte. Ich hatte unbewusst meinen Geldfluss blockiert. Halte an den Tagen des Geldeingangs diese kreativen Feuerchen am Brennen. Mach mit deiner Reichtums- oder Bannarbeit weiter. Betrachte Geld als Energie. Gib dieser Energie eine Farbe, wenn du willst. Konzentriere dich darauf, dass diese Energie überall um dich herum weiterwächst.

Geldausgang. Wenn mehr Geld hinausströmt als hereinkommt, führt das zu Niedergeschlagenheit. Um mich daran zu erinnern, dass Tage des Geldabflusses nur vorübergehend sind, begann ich, an ihnen etwas Besonderes zu machen – etwas, das meinen Tag anders machte. Manchmal spielte ich mit meinen Kindern Gesellschaftsspiele, unternahm einen Spaziergang oder las ein gutes Buch. Ich stellte absolut sicher, dass ich etwas Magisches tat, selbst wenn es nur darin bestand, dass ich meinen Altar reinigte, etwas Neues lernte, meinen Zauberschrank aufräumte (eine Aufgabe für einen ganzen Tag) oder die Dinge in einem meiner Hausschreine umarrangierte. Ich entdeckte, dass ein kleines bisschen Zauber die Stimmung hebt und hilft, einen kritischen Tag zu überstehen. Versuch es mit einem langen Ritualbad, einer belebenden Dusche oder ein wenig Gartenarbeit, durch die du in Berührung mit der Erde kommst. Sprich ein paar Affirmationen oder meditiere ein wenig. Ich könnte dir eine unglaublich lange Liste von Dingen anführen, die ich ausprobiert habe – und die alle funktionierten. Denk daran, diese Geldausgangs-Tage sind ein *vorübergehender* Zustand, der an Intensität und Dauer verliert, wenn du lernst, Reichtum in deinem Leben zu manifestieren.

Geldausgangs-Tage (oder -Wochen) können bedeuten, dass du irgendwo eine Blockade hast und es an der Zeit ist, deinen Lebensstil daraufhin zu untersuchen, wo diese Blockade sitzt und was du dagegen tun kannst. Manche Blockaden lassen sich innerhalb von Sekunden beseitigen (zum Beispiel ein verflixter negativer Gedanke), andere sind nicht ganz so leicht zu lösen (etwa ein Lebenspartner, der seine Finger nicht vom Geldautomaten lassen kann). Blockaden können mentaler, emotionaler, physischer oder spiritueller Natur sein. Nur du, der Meisterschnüffler in deinem Leben, kannst bestimmen, was das für Blockaden sein mögen. Manchmal werden die Blockaden von dir selbst ausgehen, ein anderes Mal werden sie von anderen geschaffen.

Jahrelang hatte ich eine Energieblockade in Bezug auf Geldausgangs-Tage. Im Unterschied zu früheren Jahren war ich nun jedoch entschlossen, reich zu sein. Ich hatte mich durch eine Menge negativer Dinge gearbeitet und sehr viel erreicht, doch ich war auf der schiefen Bahn – es ging mehr Geld raus als reinkam. Als ich alle Zaubersprüche in diesem Buch durcharbeitete, gab es in meinem Leben weniger und weniger Geldausgangs-Tage und viel mehr Geldeingangs-Tage. Als ich mit der konzertierten Anstrengung begonnen hatte, reich zu werden, fingen alle Blockaden, die ich zuvor erlebt hatte, zu bröckeln an, und ich war auf dem Weg zu dem Lebensstil, den ich mir wünschte.

Nichts kommt rein, nichts geht raus. Früher fand ich diese Tage unglaublich frustrierend (und beängstigend), wenn ich gerade eine Geldausgangs-Periode hinter mir hatte. Aber nach einer Geldeingangs-Periode empfand ich diese inaktiven Zeiten als entspannend und beruhigend. Doch diese Tage sind *nicht* der richtige Zeitpunkt, um sich auf dem Zauber auszuruhen und zuzusehen, wie die Stunden verrinnen. Nein, nein, nein! Nichts kommt rein, nichts geht raus kann bedeuten, dass einem nicht klar ist, was man wirklich will, was wiederum ein normaler menschlicher Zustand ist. Die meisten haben Angst davor, nach etwas zu streben, das sie sich am sehnlichsten wünschen, weil sie (aus welchem Grund auch immer) denken, es könne einfach nicht eintreten. Arbeite an diesen Tagen an etwas, das du *gerne* tun würdest (nicht, was du meinst, tun zu *müssen* oder zu *sollen).* An so einem Nichts-kommt-rein-nichts-geht-raus-Tag kam mir die Idee zu der nachfolgenden Übung, die ich Goldene Kordel der Manifestation genannt habe. Es dauerte eine Weile, bis ich die Übung beherrschte, also sei nicht verzweifelt, wenn sie bei dir nicht sofort funktioniert. Bleib einfach dran. Dann wird die Technik immer leichter werden.

Anmerkung: Manche Menschen haben von Natur aus einen Hang zur Passivität. Ich gehöre zu diesen Leuten. Wenn die Dinge gut laufen und ich Geldeingangs-Phasen durchlebe, vergesse ich, für den zukünftigen Reichtum zu arbeiten. Ich bin dann völlig zufrieden mit der Welt. Wenn ich allzu bequem werde, zieht mir der Geist oft eins über den Kopf und sagt: »Es ist an der Zeit, dass du in Bewegung gerätst. Lass uns eine Geldausgangs-Woche haben, nur damit du das Zaubern nicht vergisst.«

Die Goldene Kordel der Manifestation

Auch wenn Gold seit jeher schwer zu beschaffen war, hat ihm seine Eigenschaft, seinen Glanz nicht zu verlieren und immer ansehnlich zu bleiben, im Laufe der Geschichte bei zahlreichen Kulturen zur Popularität verholfen. In Erinnerung an die großen Lichter (unsere Sonne und die Sterne) wurde in der religiösen Verehrung Gold häufig mit einer Gottheit verbunden. Im Mythos gibt es das goldene Zeitalter Griechenlands und Roms, die goldenen Äpfel der Hesperiden (griechisch), den goldenen Zweig (römisch), die Legende vom goldenen Hahn (russisch), das Goldene Vlies (griechisch), den goldenen Stuhl (afrikanisch) und die Goldene Legende (die Zusammenstellung der Heiligenviten). Die Goldene Regel (Was du nicht willst, dass man dir tu, das füg auch keinem andern zu.) wird in ägyptischen, akkadischen und buddhistischen Schriften erwähnt, die fünfhundert Jahre vor den christlichen entstanden. In einigen Fällen (ägyptisch) war die Regel mit der Verehrung von Göttinnen verbunden. Gold ist ein besonderer Liebling der santerianischen Göttin Oshun, der Reichtumsgöttin der Ströme und Flüsse.

Das Folgende ist eher eine Übung als ein Zauber. Du wirst viel üben müssen, bis du sie gut beherrschst. Das ist in Ordnung. Ein bisschen Arbeit ist gut für die Seele und hält dich davon ab, dich zu langweilen.

Benötigte Materialien: eine goldene Schnur oder Kordel, die die Länge deiner Körpergröße hat; eine kleine leere Streichholzschachtel, die gold und gelb bemalt ist; ein Stück Papier, das in die Schachtel passt; ein Füller mit goldener Tinte oder ein Goldstift; eine goldene Kerze (ersatzweise eine weiße).

Anleitung: Halte die Hände über die Materialien und bitte um Segnungen im Namen deiner gewählten Gottheit für den angestrebten Reichtum. Schreibe auf den Zettel etwas, das du manifestieren willst. Die Sache oder das Ziel kann groß oder auch klein sein. (Vergiss nicht, meistens dauert es etwas länger, bis größere Dinge sich manifestieren.) Halte den Zettel fest und blase drei Mal darauf. Stecke den Zettel in die Schachtel.

Binde das eine Ende der Schnur um die Schachtel. Halte die goldene Kerze in der Hand und denke an das, was du manifestieren willst; danach denkst du daran, wie du dich fühltest, als du etwas hattest, das du dir wünschtest. Verbinde im Geiste dieses Gefühl mit dem Bild dessen, was du jetzt manifest werden lassen möchtest. Zünde die Kerze an. Versuche dieses Gefühl so lange wie möglich festzuhalten.

Schließe die Augen. Fange an, das lose Ende der Kordel durch deine Hände gleiten zu lassen, während du an das denkst, was du manifestieren möchtest. Stelle dir bildlich vor, wie du deinen Wunsch durch die Kordel in deine Hände ziehst. Lass die Kordel weiter durch deine Hände gleiten, bis du an der Schachtel anlangst. Halte die Schachtel in den Händen und denke weiter an das, was du manifest werden lassen willst. Siehe dich selbst glücklich den Wunsch haltend (oder dass die Energie des Wunsches dich umgibt). Versuche, keine negativen Gedanken aufkommen zu lassen. Halte die Schachtel, bis du fühlst, dass deine Energie steigt oder du ein leichtes Prickeln in den Händen verspürst. Atme tief ein und öffne die Augen. Lösch die Kerze aus.

Wiederhole die Übung jeden Tag, bis sich dein Wunsch erfüllt oder bis achtundzwanzig Tage vergangen sind. Wenn du das Ziel nach Ablauf von achtundzwanzig Tagen nicht erreicht hast, nimmst du eine neue Kerze und beginnst von vorne. In diesen achtundzwanzig Tagen musst du dir fortwährend der Möglichkeiten bewusst sein, die sich dir vielleicht von selbst bieten, vor allem wenn es sich um ein nichtmaterielles Ziel handelt. Gib Acht, dass du diese Gelegenheiten annimmst. Sobald du das Ziel manifestiert hast, verbrennst du das Papier und beginnst mit einem neuen Wunsch oder Ziel. Hör nach einem Ziel oder einer Manifestation nicht auf. Mach weiter. Das ist eine großartige Übung für jeden Lernenden und kann auch in Gruppen ausgeführt werden.

Anmerkung: Mach dich mit dieser Übung nicht selbst verrückt. Ich ließ mich hinreißen und konnte nicht schlafen, deshalb wiederholte ich einfach die Übung so lange, bis ich eine tiefe Benommenheit spürte, die mir nichts einbrachte, außer dass ich am nächsten Tag frustriert und schlecht gelaunt war.

Zur Verstärkung des Zaubers:

- Führe ihn am Mittag aus.
- Führe ihn am Sonntag in der Stunde des Merkur aus, um die Kommunikation bei einem Geschäftsabschluss zu verbessern.
- Führe ihn am Sonntag in der Stunde der Sonne aus.
- Führe ihn an Mittsommer in der Morgendämmerung, zu Mittag und dann noch mal in der Abenddämmerung aus.
- Führe ihn aus, wenn der Mond im Löwen steht.

Kräuter, Öle, Kerzen, Räucherwerk und Pulver können deinen Zauber steigern. Die folgenden drei Zauberhilfsmittel, Morganas Reichtums-Räucherwerk, Morganas Reichtums-Pulver und Morganas Reichtums-Öl können während des ganzen Monats verwendet werden und sind hervorragende Verstärker von Zaubersprüchen in jeder Situation, die das Universum für dich bereithält.

Morganas Reichtums-Räucherwerk

Morgana besitzt einen Zauberladen namens Morgana's Chamber in New Yorks beliebtem Stadtteil Manhattan. Diese kleine Hexe des neuen Jahrtausends hat eine ausgesprochene Begabung für machtvolle Zaubertränke, die sie mir großzügigerweise kundgetan hat.

Räucherwerk hilft, dich in die richtige Geistesverfassung fürs Zaubern zu versetzen, wirkt als eine psychische Türklingel zur Göttlichkeit, deren Unterstützung du brauchst, und ist ein Bestandteil der gesamten Zauberarbeit.

Benötigte Materialien: ein Becher Zedernspäne (Zeder lässt sich auf vielfache Weise magisch verwenden, einschließlich Heilung, Reinigung, Schutz und Wohlstand. Die Zeder ist ein duftender immergrüner Baum); **einen halben Teelöffel Benzoeharz** (Benzoeharz vom Storaxbaum, der in Java, Sumatra und Thailand kultiviert wird – wird von Zauberpraktikern zumeist als Grundlage für eine Räucherwerkmischung genommen); **einen halben Teelöffel getrocknetes Fingerkraut** (ein Lieblingskraut der pennsylvania-deutschen Pow-Wow-Künstler, dort hauptsächlich für die Beschwörung von Reichtum und zur Heilung eingesetzt); **ein Teelöffel High John the Conqueror-Öl** (ein im Süden der Vereinigten Staaten beliebtes Allround-Öl, das mit Bannbrechen, Reichtum, Liebe, Erfolg, Heilung von Depression und mit Glücksgefühlen verbunden ist); **dreizehn Tropfen Vetiveröl** (Reichtum, Liebe und Bannbrechen, ein eindeutiges Schnelles-Geld-Öl und bei den Volkszauberern in den Südstaaten sehr beliebt); **neun Tropfen Orangenöl** (Liebe, Glück, Geld und Divination).

Anleitung: Zerkleinere die Zedernspäne und das Benzoeharz. Füge das Fingerkraut und die Öle hinzu und vermische alles gut.

Verwende es immer in Verbindung mit deinen Reichtums-Sprüchen. Dieses Räucherwerk kann man auf Holzkohle verbrennen oder mit Streichhölzern entzünden. Kühl und trocken in einem luftdichten Behälter aufbewahren. Das Hauptelement dieses Zauberräucherwerks ist das Feuer, seine Tierkreisverbindungen sind Löwe, Widder und Schütze. Wenn du die Tierkreisenergien verwendest, vergiss nicht, dass der Widder ein Projekt startet, der Löwe das Projekt festmacht, stark erhält und verteidigt und der Schütze die Dinge in Bewegung setzt, die vielleicht zum Stillstand gekommen sind.

Zur Verstärkung der Mischung:

- Führe sie bei Neumond oder Vollmond aus.
- Bereite sie zu, wenn der Mond im Widder, Löwen oder Schützen steht.
- Bereite sie an einem Dienstag zu (für aggressivere, leidenschaftliche Ziele).
- Bereite sie an Mittsommer, wenn die Sonne im Zenit steht, zu.
- Bereite sie an einem Donnerstag in der Stunde von Jupiter, Venus oder der Sonne zu.
- Bereite sie an einem Sonntag in der Stunde von Jupiter, Venus oder der Sonne zu.
- Bereite sie an einem Freitag in der Stunde von Jupiter, Venus oder der Sonne zu (vor allem wenn es um eine Partnerschaft geht).

Morganas Reichtums-Pulver

Der Hauptzweck aller Zauberpulver ist es, die menschlichen Gedanken und Gefühle oder die einstmals menschlichen, unsichtbaren Energien zu beeinflussen, die sich an eine bestimmte Person geheftet haben. Das bedeutet, dass ein Zauberpulver direkt auf das Verhalten von Menschen einwirkt. Auch wenn einige Zauberer behaupten mögen, Pulver seien eine unethische Form der Magie, gibt es bestimmte Situationen, in denen Pulver nützlich und ethisch vertretbar sein können. Diese besondere Mischung verbindet die Energien von Erfolg und Schutz und schadet folglich in keinster Weise.

Benötigte Materialien: ein Becher Zedernspäne (Reichtum, Schutz und Reinigung); **ein Teelöffel Fichtennadeln** (Reichtum, Schutz, Heilung, Fruchtbarkeit und Reinigung); **ein Teelöffel Zimt** (Erfolg, Liebe, Heilung, Reichtum und Spiritualität); **eine Prise Drachenblutkraut** (steigert die Potenz jeder Mischung); Gold, Silber und grüner Glimmer.

Anleitung: Mische die ersten vier Zutaten und zermahle sie zu feinem Pulver. Füge den Glimmer hinzu und vermenge das Ganze. In einem luftdichten Behältnis kühl lagern. Verwende das Pulver mit Zaubersprüchen oder auch ohne.

Anmerkung: Luft ist das Hauptelement in jedem Zauberpulver, das den Luftzeichen Wassermann, Zwillinge und Waage entspricht. Die Waage beginnt ein Projekt, der Wassermann fixiert es an Ort und Stelle und die Zwillinge verändern es.

Zur Verstärkung der Mischung:

- Bereite sie bei Neumond oder Vollmond zu.
- Bereite sie zu, wenn der Mond in der Waage, den Zwillingen oder im Wassermann steht.
- Bereite sie an Beltaine (1. Mai) zu.
- Bereite sie zu, wenn gerade ein starker Wind weht oder der Wind aus dem Norden bläst.
- Bereite sie an einem Mittwoch in der Stunde von Venus zu.
- Bereite sie in der Morgendämmerung zu.

Verwende das Pulver auf folgende Weise:

- Verstreue es auf dem Boden oder Teppich, vor allem im Eingangsbereich, um Kunden anzuziehen und eine Gehaltserhöhung oder eine Beförderung zu bewirken.
- Verstreue es vor einem Geldinstitut, wenn du ein Darlehen brauchst.
- Lade damit Kerzen für Sprüche für Erfolg und Geschäftsschutz (zum Laden siehe Seite 146).
- Gib es zusammen mit einer Rosskastanie in einen Kleidersack. Stecke es in den Geldbeutel oder in eine Tasche.
- Streue es auf dein Geld.
- Füge ein bisschen davon deinem bevorzugten Geld-Räucherwerk hinzu.

Morganas Reichtums-Öl

Benötigte Materialien: eine Tonka-Bohne (Geld, Mut und Wünsche); **drei Teile Bergamottöl** (auch Orangenminze; für

Geld und Erfolg wird Bergamottöl aus der Schale einer Zitrusfrucht gewonnen, die in Italien wächst); **zwei Teile Patschuliöl** (Geld, Fruchtbarkeit und Wollust; Patschuli kommt aus Indien und Indonesien und wurde in den zwanziger Jahren des neunzehnten Jahrhunderts in Britannien populär, wo man damit indische Schals färbte und es der Tusche zusetzte); **ein Teil Vetiveröl** (Geld, Bannbrechen und Liebe); **ein Tropfen Pampelmusenöl** (Geld, Glück und Keuschheit); **Süßmandelöl (Basis)** (Geld und Weisheit).

Anleitung: Stecke die Tonka-Bohne in eine Flasche mit einer ungewöhnlichen Form. Fülle die Flasche zur Hälfte mit dem Süßmandelöl. Füge die anderen Öle hinzu und mische das Ganze gut durch. Kühl und trocken lagern. Benutze das Öl, um Geld, Kerzen, Spruchzettel etc. einzureiben. Öle fallen unter den Einfluss von Skorpion, Fischen und Krebs. Nimm Krebs für den Beginn eines Projekts, Skorpion, um es zu festzumachen oder an die richtige Stelle zu setzen, und Fische, um eine Situation zu ändern.

Zur Verstärkung dieser Mischung:

- Bereite sie an Neumond oder Vollmond zu.
- Bereite sie während eines Regenschauers zu.
- Bereite sie an Jul (21. Dezember), Weihnachten oder Chanukka zu.
- Bereite sie um Mitternacht zu.
- Bereite sie zu, wenn der Mond im Skorpion steht (für Intensität).
- Bereite sie am Sonntag in der Stunde der Sonne zu.

Verwende Öle auf folgende Weise:

- Reibe Kerzen damit ein.
- Reibe feste Gegenstände damit ein.
- Setze ein bisschen von deinem Lieblings-Geldräucherwerk zu.
- Du kannst dich damit auch selbst einreiben.

Geld-Manifestations-Pulver der Pennsylvania-Deutschen

Wenn du Kräuter magst und gerne Dinge zermahlst, gefällt dir vielleicht dieses Geldpulver-Rezept. Beim Pow-Wow haben die vier unten aufgelisteten Zutaten die Eigenschaft, Geld und Gesundheit anzuziehen. Die Pow-Wow-Künstler liebten es, Three Lady Charms (Drei-Frauen-Zauberformeln, auch Three Angel Charms genannt, Drei-Engel-Formeln) zu verwenden, die wir hier einsetzen, um das Band der Authentizität zwischen Kräutern und dem Lied zu bewahren. Die Three Lady Charms nehmen Bezug auf die antike Verehrung der Göttin in ihrem Aspekt der Dreifaltigkeit; folglich solltest du dich auf jede Trinität, die du wählst, konzentrieren. Du kannst sie schlicht die Drei Frauen nennen.

Benötigte Materialien: fünf Mandeln, zu feinem Pulver zerstoßen; ein Teil Fingerkraut; ein Teil getrocknete Minze; ein Teil Veilchenwurzel.

Damit das Pulver noch einen zusätzlichen Sex-Appeal bekommt, kannst du auch ein gefärbtes Basispulver zusetzen, das oft in Zauberkerzen-Geschäften verkauft wird, oder drei Tropfen deines Lieblingsöls zum Geldanziehen oder eines Kräuteröls.

Tipp: Notfalls kannst du die Kräuter in der Mikrowelle trocknen.
Anmerkung: Du kannst mit Mandelöl Zauberwerkzeuge und Kerzen als Verstärkung für Reichtum, Liebe und Erfolg einreiben.

Anleitung: Zerstoße die Zutaten am Sonntag oder Donnerstag in der Stunde von Jupiter (langfristiges Unterfangen) oder von Venus (schnelles Bargeld) mit einem Stößel in einem Mörser (oder Mixer). Sage:

Im Namen der Elemente Erde und Luft,
segne diesen Spruch.

Verstärke im Namen der Drei Frauen mit den Worten:

Drei Frauen kamen aus dem Osten, brachten Heilung
und Wohlstand. Die erste sagte: »Das brauchst du.«
Die zweite sagte: »Wir machen das.«
Die dritte sagte: »Wir geben dir Gesundheit
und Wohlstand. So sei es!«

Wiederhole das Lied drei Mal. Während du den Spruch sagst, streust du das Pulver auf deine Türschwelle, in deine Brieftasche oder deinen Geldbeutel oder auf ein Stück Papier, auf dem ein bestimmtes Projekt beschrieben ist. Setze es anderen Zaubersprüchen in diesem Buch oder deinen eigenen hinzu, die du, wie ich mir denken kann, selber erfinden wirst. Geldpulver, -öle und -räucherwerk sind ein gutes Geschenk für Geburtstage und sonstige Anlässe! (Sie kommen besonders gut an, wenn einer deiner Freunde unter finanziellen Problemen leidet.) Gib noch ein paar grüne Kerzen hinzu, und schon hast du ein Geschenk, das die Stimmung hebt und dem Empfänger zu Wohlstand verhilft. (Geteilter Wohlstand ist doppelter Wohlstand.) Wenn du das Recht eines anderen auf Wohlstand und Glück bestätigst, wird auch in deinem Leben Wohlstand und Glück einkehren. Hab den Mut, Reichtum zu teilen.

Zur Verstärkung dieser Mischung:

- Bereite sie bei Neumond oder Vollmond zu.
- Bereite sie am Sonntag in der Stunde der Sonne oder den Stunden von Jupiter und Venus zu.
- Bereite sie zu, wenn der Mond im Widder steht, aber verwende sie, wenn der Mond im Stier steht.
- Bereite sie am Neujahrstag zu.
- Bereite sie an Lichtmess (2. Februar) zu.

Der Logikzauber
(Wenn du etwas kompliziertere Dinge magst)

Dieser Spruch ist nur für den erfahrenen Zauberer. Welche Materialien du verwendest, hängt davon ab, für welchen Zweck der Spruch gedacht ist, deshalb musst du dich hinsetzen und auf einem Stück Papier festhalten:

- Dein oberstes Ziel.
- Wie viele Leute in die Erreichung des Ziels eingebunden sind.
- Wie viele Schritte zur Erreichung des Ziels notwendig sind.
- Mit welcher Art von Energie du arbeiten möchtest: Erde, Luft, Wasser, Feuer, Geist, Sterne, alle genannten oder eine Kombination daraus.

- Ein »Aus« für den Fall, dass du den Zauber abbrechen willst (das empfiehlt sich für jeden Zauber).
- Welche Farbe oder Farben zu deinem Ziel passen. Weise jedem Schritt, jeder Person und jedem Gegenstand auf dem Weg zu deinem Ziel Farben zu (siehe die Abschnitte über Farben in den Anhängen).
- Wähle die richtige Mondphase und Planetenstunde für dein Ziel.

Benötigte Materialien: ein sehr langes Band aus Rohleder; farbige Glasperlen für jeden Schritt, jede Person oder jeden Gegenstand, die zum Erreichen des Ziels notwendig sind; eine Perle, die dein »Aus« repräsentiert. (**Anmerkung:** Du sollst das Lederband durch die Perlen ziehen können.) Es sollte zwei gleichfarbige Perlen geben, die dein Ziel symbolisieren: eine für den Anfang und die andere für den Abschluss.

Anleitung: Visualisiere, dass weißes Licht dich und die Materialien, die du einsetzen willst, umgibt. (Vergiss nicht dein Stück Papier, auf dem du alle Personen, Dinge, Energien, Schritte, das »Aus« und das Endziel notiert hast.) Mache ins eine Ende des Bandes einen Knoten. Sage, dass dies der Anfang ist. Fädle die erste Perle bis zu dem Knoten auf. Mache sie mit einem zweiten Knoten fest. Die zweite Perle (oder alle anderen Perlen, je nachdem für wie viele du dich entschieden hast) steht für die Energien, die du einbauen möchtest. Wenn du zum Beispiel mit der Luftenergie arbeiten möchtest, könntest du eine gelbe Perle (Feuer – rot; Wasser – blau; Erde – grün; Geist – silber; lunar – weiß; stellar – gold) nehmen. Nenne die Energie laut beim Namen. Die nächste Perle steht für deinen ersten Schritt. Wiederhole den Schritt laut, während du die Perle auffädelst. Füge die Dinge, Personen und nachfolgenden Schritte ein, indem du Knoten an jeder Seite der

Perlen machst, um sie an Ort und Stelle zu halten. Während du jeweils eine Perle hinzufügst, sprichst du das Ziel laut aus. Die »Aus«-Perle kommt als vorletzte dran. Die letzte Perle ist die für das Ziel (und entspricht der Farbe der ersten Perle in der Kette).

In diesem Stadium hast du die Perlenschnur vollendet. Halte sie in alle Himmelsrichtungen (N, S, O, W) und bitte um deren Segen. Bitte um den Segen des Geistes. Halte die Schnur vor dir ausgestreckt und berühre jede Perle, wobei du darauf verweist, wofür die betreffende Perle steht. (Du kannst, wenn es sich um ein kompliziertes Ziel handelt, dein Blatt Papier hinzunehmen.) Unterbrich den Rhythmus deiner Kadenz nicht. Hör nicht auf, bevor du die letzte Zielperle erreicht hast. Danke den Himmelsrichtungen und den Energien, zu denen du Zugang hattest. Bearbeite die Perlenschnur, sooft du möchtest, wiederhole dabei deine Liste der Dinge, Energien, Schritte und Personen, bis sich dein Ziel manifestiert hat. Sobald sich dein Wunsch erfüllt hat, bittest du darum, dass der Zauber aufgelöst wird, dann zerschneidest und verbrennst du das Lederband. Hebe die Perlen für einen anderen Zauber auf.

Anmerkung: Du kannst auch eine »allgemeine« Perlenschnur anfertigen, etwa wie der Engelsrosenkranz in meinem Buch *Angels: Companions in Magick.*[3] Vor Jahren entwarf ich einen Geburtstagszauber nach demselben Prinzip (abgedruckt im *Magical Almanac* 1995 von Llewellyn). In diesem Zauber stand jede Perle für ein Lebensjahr. Für kleinere Ziele (ohne eine Vielzahl von Schritten) kannst du Garn und Makkaroni nehmen, das ist auch eine tolle Möglichkeit, Kindern das Buchstabieren beizubringen.

---

3 Llewellyn, 1997.

Zur Verstärkung des Zaubers:

- Führe ihn an deinem Geburtstag aus.
- Führe ihn bei Neumond aus.
- Führe ihn am 1. Januar aus.
- Führe ihn am 1. Maitag (Beltaine) aus.
- Führe ihn aus, wenn der Mond im Widder steht.

Der Manifestationsstein

Diese Übung geht ganz ähnlich wie der Goldene-Kordel-Zauber, nur wird jetzt ein einfacher glatter Stein eingesetzt, um deine Wünsche zu manifestieren. Als ich die Volksmagie der Pennsylvania-Deutschen studierte, lernte ich, dass flache Steine eine wunderbare potente Energie besitzen – wir müssen diese Energie nur erkennen, akzeptieren und lernen, mit ihr zu arbeiten.

Anweisungen: Mache einen kleinen Ausflug und suche einen schönen glatten Stein, der in deine Handfläche passt (keinen allzu großen – ungefähr von der Größe deines Daumenballens). Falls dir jemand kürzlich einen glatten Stein geschenkt hat, ist dies vermutlich dein Manifestationsstein, der dir vom Universum durch einen Freund gegeben wurde. Wasche den Stein mit Quellwasser. Reichere den Stein im Namen deiner Lieblings- oder Schutzgottheit mit Energie an und proklamiere ihn zur Manifestationsarbeit.

Setze dich ruhig hin und beginne den Stein in deinen Handflächen (von der einen zur anderen Hand) hin- und herzurollen. Schließe die Augen und atme drei Mal tief ein. Entspanne dich. Roll den Stein weiter hin und her. Wiederhole im Geiste: »Das ist mein Manifestationsstein«, bis du dich langweilst oder schläfrig wirst. Sage dann:

Ich manifestiere ______________________

(und setze ein, was du erreichen willst).

Du kannst ein Ziel, eine Lebensweise, eine Charaktereigenschaft oder eine Sache wählen – das ist egal. Wiederhole weiter, was du manifestieren möchtest, während du den Stein zwischen deinen Händen hin- und herrollen lässt. Stell dir bildlich vor, was du manifestieren möchtest. Wenn du eine Energiewelle oder ein leichtes Prickeln verspürst, ist es an der Zeit, für diesen Tag aufzuhören. Wiederhole die Übung täglich, bis du deinen Wunsch manifestiert hast. Wenn dir das innerhalb von achtundzwanzig Tagen nicht gelungen ist, verleihst du dem Stein von neuem Energie und wiederholst die Übung. Sobald du dein Ziel manifestiert hast, wäschst du den Stein wieder und wählst dir ein neues Ziel aus. Übe wie bei der Goldenen Kordel immer weiter mit deinem Stein. Der Stein wird durch die dauernde Benutzung an Macht und du wirst an Zuversicht gewinnen.

Anmerkung: Wenn du mehrere Ziele hast, an denen du gleichzeitig arbeiten willst, kannst du auch mehrere Steine verwenden, wenn dir das richtig erscheint. Ich könnte zum Beispiel für ein kleines Ziel am Morgen und ein größeres am Abend arbeiten, wobei ich zwei verschiedene Steine verwenden würde. Du kannst aber auch denselben Stein für unterschiedliche Ziele einsetzen. Steine nehmen es anscheinend nicht so genau. Sie arbeiten einfach gerne.

Zur Verstärkung des Zaubers:

- Male das Geldzauber-Symbol auf den Stein. Das ist ein nordisches Symbol mit der Bedeutung »Mein Bedürfnis ist groß«.
- Führe ihn aus, wenn der Mond in der Jungfrau steht.
- Führe ihn am Mittwoch in der Stunde des Merkurs aus (wenn der Zauber der Unterstützung vieler Menschen bedarf).
- Führe ihn am Freitag in der Stunde der Sonne, von Jupiter oder Merkur aus, je nachdem welche Energien du manifestieren möchtest.

Die Reichtumsrolle

Ich liebe den Petitionszauber, weil er so einfach ist. Hier verwenden wir die keltische Göttin Rosemerta zur Verknüpfung mit der Gottheit. Sie ist eine weitere Füllhorngöttin der Ernte und die Schutzpatronin der Kaufleute und des Reichtums. Ferner ist sie mit dem römisch-keltischen Merkur verbunden (wenn dies auch weit hergeholt ist). Ihr gallisch-britischer Name bedeutet »gute Versorgerin« und sie wird manchmal mit einem Butterfass abgebildet. Meistens ist sie jedoch mit dem Füllhorn zu sehen.

Benötigte Materialien: Ein zweieinhalb Zentimeter breiter Streifen Pergamentpapier von rund neunzig Zentimeter Länge; ein Füller mit grüner Tinte; dein Lieblingsräucherwerk.

Anleitung: Zeichne das astrologische Zeichen für Stier oben auf den Streifen (♉). Schreibe auf das Papier: **»Heilige Mutter, manifestiere, was ich auf diese Liste setze.«** Erstelle eine Liste deiner Wünsche auf dem Papier (es wird noch viel Platz frei bleiben, das ist in Ordnung). Rolle das Papier eng auf. Halte die Liste über das Räucherwerk und wiederhole dazu den genannten Spruch neun Mal. Lege die Rolle in deinen Geldbeutel, deine Brieftasche, auf deinen Altar, deinen Schreibtisch etc. – wo du noch etwas hinzustellen willst oder sie in der Hand halten und den Spruch wiederholen kannst, wenn dir danach ist. Wenn das Papier voll ist und du all das Erbetene erhalten hast, dankst du Rosemerta, verbrennst das Papier und beginnst mit einer neuen Liste.

Zur Verstärkung des Zaubers:

- Führe ihn am Lammastag oder wenn der Mond im Steinbock steht aus, wenn du an den aufgelisteten Dingen gearbeitet hast und nun bereit bist, die Ernte einzufahren.
- Führe ihn aus, so ein Projekt sich verzögert und einen zusätzlichen Anstoß braucht, wenn der Mond im Widder steht.
- Führe ihn zu Neumond oder Vollmond aus.

Idee für einen Schnellzauber: Bezug nehmend auf Rosemertas Butterfass kannst du deine Wünsche in eine leere Butterschachtel legen, diese mit Geldpulver bestreuen und draußen in einem rituellen Feuer als Gabe an die Göttin verbrennen.

Räucherwerk für häuslichen Reichtum

Die Hauptgottheit für dieses Rezept ist Dagda (oder Daghdha), ein irischer Gott, der als einer der beiden größten Könige des Tuatha De Danann gilt. Er ist ein Allvater-Gott, ein militärischer Führer und ein vollendeter Händler, der die Jahreszeiten beschwören kann und einen Kessel der Fülle hält, der Undry genannt wird und die ganze Erde nähren könnte. Dagda wird manchmal Herr des Großen Wissens genannt, weil er das ganze Wissen des Universums besitzt. Mit ihm sollte man nicht spaßen, denn er trägt eine riesengroße Keule bei sich, mit der er in einem einzigen Hieb seinem Feind das Gehirn zu Brei schlagen kann. Dagda ist kein König, bei dem weißes Licht erstrahlt und Blasen blubbern. Er wird mit einer großen Keule oder auch einer Forke dargestellt, was seine Macht über die Nahrungsversorgung des Kosmos symbolisiert.

Anmerkung: Ruf Dagda an, wenn du Geld für Essen benötigst, für deinen Garten oder etwas anderes, das mit deinem physischen Überleben in Verbindung steht. Er ist auch hilfreich, wenn du Probleme im Job hast.

Wie beim Geldpulver besitzt jede Zutat für das Räucherwerk zu häuslichem Reichtum auch für sich allein genommen magische Eigenschaften.

Benötigte Materialien: drei Teile Weihrauch (verknüpft mit Sonnen- [Apollo, Adonis, Re] wie Mondgottheiten [Demeter], wurde Weihrauch jahrhundertelang bei religiösen Feiern als Zutat für Reichtum und Reinigung verwendet); **ein Teil Myrrhe** (Aphrodite und Adonis heilig [wie auch Kybele, Hekate, Rhea und Juno], besitzt diese Zutat auch Verbindungen zur Sage des Phönix und den magischen Aspekten der Wiedergeburt); **ein Teil**

Patschuli (zumeist eine Hauptingredienz bei Reichtums- und Liebeszaubern aufgrund seiner Eigenschaft, Energien, Menschen und Dinge anzuziehen); **einen halben Teil Nelkenpfeffer** (wird für Geld, Glück und Heilung verwendet und ist ein großartiger Zusatz in Julplätzchen, um Wohlstand ins Haus zu bringen); **einen halben Teil Muskatnuss** (ein weiteres vielseitiges Gewürz, das für Geld-, Reichtums-, Gesundheits- und Treuezauber benutzt wird); **einen halben Teil Ingwer** (Liebe, Geld, Erfolg, Stärke und Macht sind die wesentlichen mit diesem Gewürz verbundenen Energien); **eine Prise Hausstaub** (zugesetzt, um Sympathie zwischen der Gewürzmischung und dem Ort, an dem du lebst, herzustellen); ein Holzkohlebrocken mit Räucherwerk; eine blaue Kerze, eine purpurrote Kerze.

Anleitung: Mische am Donnerstag, in der Stunde der Sonne (oder am Mittag) die Zutaten. Zermahle sie in einem Mörser (du kannst auch einen Mixer verwenden, vergiss jedoch nicht, die Schüssel gut auszuwaschen, wenn du fertig bist). Du kannst die Mischung im Namen von Dagda, deiner Schutzgottheit, einer mit Wohlstand verbundenen Gottheit (von denen bereits einige erwähnt wurden) oder auch einfach im Namen des Geistes ermächtigen. Die Hauptelemente dieses Zaubers sind Erde (Gewürze), Luft (Rauch) und Feuer (Kohle). Verbrenne die Mischung auf einem Kohlebrocken vor einem Spiegel, der zum Schutz des Hauses und für finanziellen Erfolg ermächtigt ist[4], oder trage sie durchs ganze Haus und räuchere alle Ecken damit aus (einschließlich Dachboden und Keller). Ermächtige die purpurrote und die blaue Kerze für Reichtum und spirituellen Erfolg. Lass die Kerzen vollkommen herunterbrennen. Du kannst das Räucherwerk auch

---

4 *The Magical Household* von Scott Cunningham und David Harrington. Llewellyn 1997. Seite 165.

auf deinen Herzstein oder auf die Scheite in deinem Kamin streuen, bevor dieser zum ersten Mal im Herbst oder zum letzten Mal im Frühjahr angezündet wird.

Wenn die Zeiten besonders schlecht gewesen sind, verbrenne eine schwarze Kerze, um Negativität zu vertreiben.

Zur Verstärkung der Mischung:

- Bereite sie zu Jul, Weihnachten oder Chanukka (tolles Geschenk).
- Bereite sie bei Neumond, zunehmendem Mond oder Vollmond zu.
- Bereite sie für einen guten Freund zu, der gerade ein Haus gekauft hat.
- Bereite sie für den Frühjahrs- oder Herbstputz zu.
- Bereite sie zu, wenn der Mond in der Jungfrau steht, und benutze sie, wenn der Mond im Stier steht.
- Bereite sie an einem Sonntag für den Erfolg oder an einem Montag oder Freitag für alle mit dem Heim verbundenen Dinge zu.

Reichtums-Bodenreinigung

Im Volksglauben verschiedenster Kulturen heißt es, dass die Böden und Ecken des Hauses Negativität einfangen, vor allem wenn sie mit festgetretenem Schmutz überzogen sind, der Gesundheit und Wohlstand der Familie beeinträchtigt. Viele okkulte Geschäfte verkaufen Bodenwischmittel, die auf einem sauberen Boden, auf Türklinken oder Ladentischen angewendet werden sollen, um den Wohlstand des Hauses oder Geschäftes zu mehren.

Benötigte Materialien: ein Eimer; eine Hand voll Salz; drei Zimtstangen; drei Tropfen Honig; ein Teelöffel Fingerkraut; ein Teelöffel pulverisierte Eierschale; eine Hand voll Veilchen, Rosen oder Lavendel; eine aufgeschnittene Zitrone; ein neuer Holzlöffel; ein Mop; Salbei (gibt es lose oder als Räucherstäbchen); ein feuerfester Topf.

Anleitung: Wische alle Holz- und Kachelböden mit einem guten Putzmittel. Lass sie trocknen. Mische in einem Eimer Salz, Zimtstangen, Honig, Fingerkraut, pulverisierte Eierschale und Blüten. Drücke den Zitronensaft hinein und fülle die Mischung mit siebeneinhalb Litern Wasser auf. Rühre mit dem neuen Holzlöffel drei Mal um. Wische den Boden mit der Mischung. Lass ihn trocknen. Fege die Kräuter und Blüten zur Tür hinaus. Entzünde den Salbei in dem feuerfesten Topf und verteile den duftenden Rauch mit kreisenden Bewegungen in den Zimmerecken.

Zur Verstärkung der Mischung:

- Denke bei der Auswahl des Zeitpunktes zum Bodenwischen und Einsatz der Energien daran, dass die Jupiterenergie sich geradezu dafür anbietet und die Venusenergie sich in schnellem Bargeld manifestiert.
- Bereite sie bei Neumond oder zunehmendem Mond zu.
- Benutze sie vor und nach einem großen gesellschaftlichen Ereignis oder einem Familienfest.
- Benutze sie an deinem Arbeitsplatz.
- Besprenge dein Fahrzeug damit.

Der Zauberscheck

Für diesen Zauber wirst du einen Bankscheck opfern müssen. Schreibe dir einen Zauberscheck mit grüner Tinte für Dienste aus, die du dir selbst erwiesen hast. Setze kein Datum auf den Scheck. Der Betrag sollte sich direkt auf ein bestimmtes Ziel beziehen, das du am unteren Rand notierst, und zwar in der linken Ecke des Schecks. Zum Beispiel könntest du wählen: *Für das Schreiben eines Romans.* (Das habe ich getan.) Du kannst eine Zielvorstellung von 500 oder auch 100 000 DM haben, das ist egal. Bestreue den Scheck mit Zimt. Siegle die Rückseite mit einem gleichschenkligen Kreuz (siehe Seite 50) und Geldöl. Das ist dein spezieller Zauberscheck. Du kannst ihn in deine Geldbörse stecken oder in eine Zauberschachtel oder einen Zauberkrug. Dann stellst du dir bei jedem Gehaltsscheck einen kleineren Scheck für die dir selbst geleisteten Dienste aus. Das muss kein hoher Betrag sein – 10 DM sind genauso gut wie 100 DM. Dieses Sich-selbst-Bezahlen ist ein psychologischer Trick, der dir bestätigt, dass du dich selbst bezahlen *kannst;* du *kannst* deine Ziele erreichen, und du *verdienst* es, bezahlt zu werden! Achte darauf, dass du das Geld wirklich für dich selbst ausgibst. Rück es nicht für deine Kinder, deinen Partner, Freunde, deine Schwester oder andere Verwandte heraus. Das Geld gehört dir. Der Schauspieler Jim Carrey stellte sich selbst, lange bevor er berühmt wurde, einen Scheck über 50 000 Dollar aus. Und du weißt – er konnte den Scheck einlösen! (Und nein, er hatte die Idee dazu nicht von mir. Er kam selbst darauf.)

Zur Verstärkung des Zaubers:

- Wenn der Betrag auf dem Scheck für harte Arbeit, ein Geschäftsunterfangen oder eine gute Anlage beglichen wird, dann schreibe ihn, während der Mond im Steinbock steht.

- Stelle ihn bei Neumond oder zunehmendem Mond aus.
- Stelle rund um den Scheck eine goldene, eine grüne und eine rote Kerze (für Handlungen) auf; zünde die Kerzen an und lass sie sieben Tage lang, von Neumond bis zunehmendem Mond, brennen (mach das nur, wenn die Kerzen an einem feuersicheren Ort stehen und weder Kinder noch Haustiere in der Nähe sind).

Das Glücksrad

Dieser täuschend einfache Manifestationszauber ist einer meiner liebsten und gilt unter Zauberern als »Oldie but goodie«.[5] Wir werden wieder mit Juno oder Fortuna arbeiten, da beide Göttinnen historisch mit dem Glücksrad verknüpft sind. Warum das Rad neu erfinden? Äh, die Göttin. Sei's drum.

Für diesen Zauber werden wir die Runen Feoh (ᚠ) oder Gyfu (ᚷ) verwenden (vor allem wenn wir etwas brauchen, das mit jemand anders in Verbindung steht, etwa eine geschäftliche Angelegenheit).

Benötigte Materialien: ein Blatt weißes Papier; Buntstifte; grüner Marker, eine Liste deiner Wünsche; geweihtes Quellwasser; eine grüne Kerze.

Anleitung: Bei Vollmond oder zunehmendem Mond setzt du dich mit deinen Sachen an einen Tisch. Halte die grüne Kerze in Händen und sage:

---

5 Auf der Grundlage des Zaubers aus *Practical Color Magick* von Raymond Buckland. Llewellyn 1983.

O Wesen der Erde, hilf mir, meine Wünsche zu verstärken.

Zünde die Kerze an und sage:

O Wesen des Feuers, hilf mir, meine Wünsche zu verstärken.

Zeichne mit dem grünen Marker einen großen Kreis auf das Papier. Dieser Kreis repräsentiert den magischen Kreis. Unterteile ihn in Kuchenstücke, für jeden Wunsch ein Stück. Auf jedes dieser Stücke schreibst du mit dem grünen Marker einen Wunsch. Mit den Buntstiften zeichnest du ein Bild, das für den Wunsch auf dem jeweiligen Stück steht. Kürzlich fand ich eines meiner alten Farbräder unter meinem Altarstein. Vor zwei Jahren bat ich um Folgendes: einen neuen Computer für meine schriftstellerischen Ambitionen; einen neuen Kühlschrank; neue Betten für die Kinder; ein gutes Auto, meinen Transportbedürfnissen entsprechen, in exzellentem Zustand und sicher sein sollte; die problemlose Veröffentlichung eines meiner Bücher; die Möglichkeit, für meine Bücher zu werben. Als ich mir die Liste ansah, erkannte ich, dass ich alles erhalten hatte, um das ich gebeten hatte, und noch mehr.

Auf das Papier zeichnest du Runen oder andere magische Zeichen, die dir passend erscheinen, oder die oben vorgeschlagenen Runen. Schreibe »im Namen von Juno« auf die Rückseite des Papiers.

Besprenge es mit ein wenig geweihtem Quellwasser und sage:

O Wesen des Wassers, gewähre meinen Willen und meinen Wunsch.

Blase drei Mal auf das Papier und sage:

**O Wesen der Luft, gewähre meinen Willen
und meinen Wunsch.**

Dann sage:

**Meine Wünsche werden manifest in Junos Namen.
So sei es!**

Siegle es mit einem gleichschenkligen Kreuz (siehe Seite 50).

Wenn du mit dem Farbrad fertig bist, stellst du dir vor, du seist von weißem Licht umgeben. Präsentiere das Farbrad den Energien der Himmelsrichtungen (N, S, O, W) und bitte sie um die Segnung deiner Wünsche. Rufe die von dir gewählte Gottheit (in unserem Beispiel Juno) an und bitte erneut um Segnungen. Danke den Himmelsrichtungen. Danke der Gottheit. Deponiere dein Farbrad an einen sicheren Ort. Normalerweise verstecke ich mein Farbrad, so dass ich, wenn ich es dann einige Jahre später wieder finde, bei der Bestätigung dessen, was ich erreicht habe, lächeln kann. Wenn du das Farbrad wieder entdeckt hast, dankst du den Himmelsrichtungen und der Gottheit nochmals und verbrennst dann das Papier.

Sollten die meisten Dinge gewährt, aber eine Sache noch nicht manifest geworden sein (und vorausgesetzt, du willst die betreffende Sache noch), verbrennst du das Farbrad nicht. Stattdessen machst du ein neues Farbrad und klebst es auf das alte auf, um die Kontinuität des vorherigen Zaubers zu wahren.

Zur Verstärkung des Zaubers:

- Verwandle dein Rad in einen Stern – noch besser, zeichne den Stern auf das Rad. Benutze die Zacken des Sterns für spirituellere Zwecke.

- Mache es am Neujahrstag.
- Verkehre das Rad in sein Gegenteil und zitiere all die Dinge, die du aus deinem Leben verbannen willst. Führe diese Art Zauber an einem Samstag in der Stunde des Saturns, bei Neumond oder bei abnehmendem Mond durch.

Harmonie mit anderen manifestieren: Die verzauberte Gottesschüssel

Wenn du Kaufmann bist oder mit Reisen zu tun hast, mit Kommunikation oder dem Big Business, ist das der richtige Zauber für dich. Vor einer Weile hatte ich Ärger mit einer bestimmten Firma, vor allem auf dem Gebiet der Kommunikation. Es war nicht so, dass ich irgendetwas falsch machte, und es war auch nicht so, dass die Leute der Firma unangenehm waren – wir kommunizierten einfach nicht richtig und ich wusste das. Ich probierte zunächst die normalen Kommunikationsmöglichkeiten aus, aber es schien einfach nicht zu funktionieren. Diese Geschichte beeinträchtigte meine finanzielle Situation, und deshalb war mir klar, dass ich etwas dagegen unternehmen musste. (Nenne nie etwas ein Problem, rede stets nur von einer »Situation«. Einer meiner früheren Chefs brachte mir das bei und er hatte Recht. Wie man Ereignisse wahrnimmt, hängt eng damit zusammen, ob man Erfolg hat – oder nicht.) Jedenfalls war es an der Zeit, meine Zauberfinger zu bewegen!

Es gab eine Menge Dinge, die ich hätte tun können. Das ist das Schöne an der Magie – man hat ein großes Repertoire zur Auswahl –, aber ich wollte etwas Besonderes machen, etwas nur für dieses Prob . . . äh, diese Situation. Zu diesem Zweck fertigte ich eine verzauberte Gottesschüssel aus Ton an und weihte sie Merkur (dem römischen Gott der Kommunikation, dessen griechische Entsprechung Hermes ist), und zwar an einem Mittwoch bei Neumond. Merkur war auch der Beschützer des Getreidehandels in Sizilien, er hilft, wenn wir das, was wir bereits besitzen, schützen und auch unsere Handelsmacht verstärken wollen. Die Gilde der Händler hieß Mercuriales. Der Jahrestag Merkurs fiel auf den 15. Mai und die Händler bestreuten sich selbst und ihre Waren mit gemahlenem Getreide als Gabe und Opfer für Wohlstand und tränkten sich anschließend großzügig mit geweihtem Wasser.

Ich brauchte einen ganzen Tag für die Herstellung der Schüssel. Während ich den Ton bearbeitete, konzentrierte ich meine Gedanken auf die Verbesserung der Kommunikation zwischen mir und der Firma. Ich dachte an das Fest des Merkurs, wie es wohl ausgesehen hatte, und behielt die Energien Merkurs im Kopf. Das Element Quecksilber heißt auf Englisch *mercury.* Zu den Attributen Merkurs gehören der geflügelte Hut, Schuhe mit Flügeln und der Merkurstab (doppelte Schlangen an einem Stab, der die Heilkunst bezeichnet). Das astrologische Symbol für Merkur ist ☿.

An jenem Abend schrieb ich genau auf, was ich eintreten lassen wollte: *Klare und freundliche Kommunikation zwischen mir und jedem Angestellten der Firma, die zu beidseitigem Erfolg führen würde.* Ich stellte die Schüssel auf meinen Altar, legte dann das Papier in die Schüssel und wiederholte meinen Wunsch.

Innerhalb von vierundzwanzig Stunden setzte eine wahre Kommunikationsflut ein und die Situation war bereinigt. Da ich mit der Firma häufig zusammenarbeitete, reservierte ich die Schüssel allein für die Kommunikation mit den Angestellten dieser Firma. Jedes Mal, wenn ich mit ihnen arbeiten wollte, legte ich einfach meine Bitte in die Schüssel. Nachdem meine Bitte gewährt worden war, verbrannte ich das Papier und dankte dem

Gott. Als ich meine Geschäftsbeziehung zu der Firma beendete, zerbrach ich die Schüssel mit einem Ritual und gab den Ton der Erde zurück.

Zur Verstärkung des Zaubers:

- Stelle die Schüssel an einem Mittwoch zur Stunde Merkurs her.
- Stelle braune und goldene Kerzen um die Schüssel herum. Zünde sie an für Freundschaft in finanziellen Dingen.
- Kombiniere das Symbol für Merkur (☿) mit dem der Sonne (☉). Beschrifte die Schüssel und die Kerzen.

Zauber mit Ei und braunem Zucker

Von der russischen Zauberei bis zur Volksmagie der Pennsylvania-Deutschen ist das Ei ein wichtiger Bestandteil vieler Zauberprozeduren gewesen. Als Manifestation neuen Lebens wurden in Deutschland im Herbst oft Eier auf den Feldern untergepflügt, um im nächsten Jahr eine üppige Ernte zu garantieren. Das Ei gilt in Asien und Europa auch als angemessene Opfergabe für die Toten, und man kann es einsetzen, wenn man magische Hilfe aus dem Totenreich erbittet.

Das Fünffingerkraut spielte in den Zauberpraktiken der Pennsylvania-Deutschen eine wichtige Rolle. Als »helfende Hand« wird das Gewürz auf vielfache Weise genutzt, vom Schutz bis zur Sicherung von Reichtum. Das Gewürz kann man auch überbrühen und abkühlen lassen, um es danach zum Reinigen von Zauberwerkzeugen einzusetzen. In die Zimmerecken gesprengt, vertreibt es Negativität und es wird auch als Einreibewasser verwendet.

Benötigte Materialien: ein Teil brauner Zucker; ein Teil Fünffingerkraut; ein Teil Patschuligewürz und -räucherwerk; Stößel und Mörser; ein braunes Ei; ein brauner Marker; eine braune Kerze; Mandelöl. Die Farbe Braun soll Harmonie und das Gefühl der Verbundenheit mit dem Universum bewirken.

Anleitung: Vermische den braunen Zucker, das Fünffingerkraut und das Patschuligewürz mittels Stößel und Mörser. Bei Vollmond schreibst du, was du am meisten brauchst, mit dem braunen Marker auf das braune Ei. Du kannst mehrere Wünsche auf einem Ei notieren. In einem Ritualkreis entzündest du das Räucherwerk. Reibe Mandelöl auf die braune Kerze. Halte die Kerze in der Hand und konzentriere dich auf die Wünsche, die du auf das Ei geschrieben hast. Zünde die Kerze an. Halte das Ei in einer Hand und spreche deine Wünsche laut aus. Sage dabei vor jedem Wunsch **»Ich ziehe herbei«.** Zum Beispiel: »Ich ziehe herbei positiven Überfluss. Ich ziehe herbei einen Geldbeutel mit vielen Fächern. Ich ziehe herbei einen neuen Kühlschrank. Ich ziehe herbei Harmonie. Ich ziehe herbei einen kleinen pinkfarbenen ausgestopften Elefanten.« (Treffer!) Bitte um Segen von der ausgewählten Gottheit. Lass das Ei durch den Rauch gleiten und sprich deine Ziele nochmals laut aus. Führe das Ei durch die Kerzenflamme und wiederhole dabei deine Wünsche. Während die Kerze weiterbrennt, vergräbst du das Ei auf deinem Grundstück. (Wenn du keinen Grund und Boden besitzt, nimmst du einen kleinen Behälter mit Blumenerde, stelle ihn aber draußen ab, weil das Ei verfault und deine Wohnräume übel verpesten könnte.) Grabe ein kleines Loch in den Boden und füge den braunen Zucker hinzu. Lege das Ei oben drauf. Während du das Ei vergräbst, sagst du:

Ich gebe dem Universum Segnungen und Liebe.
Ich manifestiere den positiven Geist in mir.
So wie dieses Ei verrottet,
so werden sich meine Wünsche manifestieren.
Und so ist es.

Lass die Kerze vollständig herunterbrennen. Da das Ei eine gute Gabe für die Toten ist, kannst du einen bestimmten Ahnen ansprechen, wenn du deine Wünsche formulierst, und dann noch einmal, wenn du das Ei vergräbst. Wenn du das tust, sprengst du ein bisschen Patschuli auf den Boden über dem vergrabenen Ei (da Patschuli ebenso mit der Totenehrung in Beziehung steht).

Zur Verstärkung des Zaubers:

- Führe ihn am 1. August (Lammas) oder an dem Tag durch an dem du zum letzten Mal in deinem Garten erntest.
- Führe ihn unter dem Erntemond durch.
- Führe ihn zu Ostern durch – da die Eier mit dem Frühling in Beziehung stehen, kannst du den Zauber auch in einem Frühlingsritual einsetzen.

Ei-Reichtumstalisman

Dieser Zauber ist ein wenig komplizierter, braucht ein bisschen Geschick und nimmt Zeit in Anspruch, er ist aber den Aufwand wert.

Benötigte Materialien: ein Ei mit Raumtemperatur; eine Stopfnadel oder ein X-Acto-Messer; ein Korken; grüne Eierfarbe; je ein achtel Teelöffel Minze, Fünffingerkraut und Zimt; eine kleine Locke deines Haares; ein kleiner Magnetit; magnetisierte Eisenstückchen oder ein kleiner löchriger Stein; ein Talisman aus Silber deiner Wahl (nicht sehr groß); drei Tropfen Geldöl.

Anweisungen: Stecke das Ör der Stopfnadel in den Korken. Halte den Korken fest und durchbohre das Ei an der Spitze und am Boden durch Drehen der Nadel und leichten Druck. (Du brauchst vielleicht einige Eier, bis du das kannst, deshalb solltest du besser mehrere herausstellen, damit sie sich auf Zimmertemperatur erwärmen.) Vergrößere das Loch am schmalen Ende so weit, dass alle Zutaten hindurchpassen. Blase das Ei durch das breite Bodenloch aus, um das obere Loch nicht zu sehr zu belasten. Sobald der Inhalt des Eis herauszutröpfeln beginnt, schüttelst du das Ei auf und ab, um das Auslaufen zu beschleunigen. Wenn du das Ei geleert hast, kannst du beginnen, die Schale zu färben. Danach lass die Schale in der Sonne trocknen. In einer Reichtumszeremonie, die du selbst geschrieben hast, füllst du die Gewürze und die anderen kleinen Gegenstände hinein. Ermächtige das Ei zum Zwecke generellen Reichtums. Gebe das Geldöl hinzu. Lege es auf deinen Altar oder an einen anderen sicheren Ort in deinem Heim. Erneuere es einmal im Jahr.

Zur Verstärkung des Zaubers:

- Wende den Zauber an Beltaine oder am Neujahrstag an.
- Setze die astrologischen Symbole des Stiers für langfristige Luxusenergie dazu; Zwillinge für eine rasche Wendung des Glücks; Widder in einer Zeit, wenn du einen zusätzlichen Schub brauchst; oder Skorpion für Intensität (siehe Anhang).

Einen Gerichtsprozess gewinnen, der mit einer Geldeinnahme verbunden ist

Der Zauber funktioniert nur, wenn du zu Recht aus einer Gerichtsverhandlung Geld erwarten kannst.

Benötigte Materialien: Eine blaue Kerze (für Frieden in deinem Reichtum); eine rote Kerze (für schnelle Aktion); ein Stück blaue Seife; die Namen aller, die im Prozess über dich zu Gericht sitzen werden, einschließlich der Namen jener, die gegen dich klagen; ein Glas Wasser; eine kleine Menge Zitronenöl.

Anleitung: Beginne diesen Zauber wenn möglich sieben Tage vor der Gerichtsverhandlung. Ritze die Namen der oben genannten Personen in das Stück Seife. Lege die Seife in das Wasserglas. Entzünde die rote und blaue Kerze und bitte um ein faires Urteil. Rufe die vier Erzengel – Michael, Raphael, Gabriel und Uriel – an und erbitte ihren Schutz und ihre Überzeugungsarbeit in dem Prozess. Lass die Kerzen vollständig niederbrennen. Wenn die Gerichtsverhandlung vorüber ist, entledigst du dich des Wassers und der Seife auf eine umweltfreundliche Weise.

Reibe das Zitronenöl auf deine Hände und die Sohlen deiner Schuhe, bevor du zur Verhandlung gehst.

Zur Verstärkung des Zaubers:

- Sprich mit deinem Schutzengel, bevor du ins Gericht gehst, und rede weiter mit ihm, solange du dort bist.
- Bitte die Engel der Gerechtigkeit um Hilfe, wenn du das Gerichtsgebäude betrittst.

Lass die Würfel rollen

Hattest du manchmal das Gefühl, dass das, was du gleich mit deinem Geld oder bei einem Job, den du haben wolltest, zu tun gedachtest, mit Sicherheit allein vom Zufall abhängen würde? Dieser Zauber soll dir helfen, deine Erfolgschancen bei allen Unterfangen zu erhöhen.

Benötigte Materialien: zwei Würfel; Geldöl; ein Magnetit (kannst du durch einen Magneten ersetzen); ein Beutel aus rotem Flanell; eine rote Kerze; ein Blatt Papier.

Anleitung: Schreibe auf das Papier genau das, was du willst. Reibe die Kerze mit dem Geldöl ein (oder einem anderen Anziehungsöl). Zünde die Kerze an und bitte den Geist in diesem neuen Abenteuer um Hilfe. Reibe auch die Würfel ein und erbitte Unterstützung. Ermächtige den Magnetit, dass er dir Glück bringt. Rolle und wirf die Würfel sieben Mal, wobei du jedes Mal darum bittest, dass die Chancen für dich größer und die Chancen gegen dich geringer werden. Lege die Würfel, das Blatt Papier und den Magnetit in den roten Beutel. Lass die Kerze vollständig herunterbrennen. Trage den Beutel bei dir. Du kannst die Würfel jederzeit herausnehmen und werfen, während du dabei deine Bitte wiederholst. Ermächtige den Beutel zu jedem Vollmond von neuem (selbst wenn du den ursprünglichen Beutel nicht bei Vollmond angefertigt hast).

Unterstützung für das Anwachsen deines Bankkontos und anderer Investitionen

Kindern macht es bestimmt Spaß, dir bei diesem Zauber zu helfen. Es ist eine einfache Methode, um ihnen die kreative Visualisierung beizubringen und deinem Bankkonto dazu zu verhelfen, von Geldscheinen geradezu überzusprudeln. Das astrologische Zeichen des Steinbocks regiert das Geld und das Bankwesen. Setze das Symbol des Steinbocks (♑) oben auf dein Diagramm.

Benötigte Materialien: ein Bogen Kartonpapier; Buntstifte oder Marker; dein letzter Bankauszug; grünes Papier; Klebstoff.

Anleitung: Nimm deinen letzten Konto- oder Investmentauszug. Schreibe den darauf verzeichneten Betrag auf die Rückseite des Kartons. Ziehe einen Kreis um die Zahl, um die Investitionen, die du bereits besitzt, zu schützen. Vorne zeichnest du auf das Kartonpapier einen großen Baum mit vielen Ästen. Oben auf den Baum schreibst du dein finanzielles Ziel. Am Fuß des Baumes notierst du deinen augenblicklichen Stand. Schneide dreihundertfünfundsechzig Blätter aus. (Du kannst sie klein machen, oder wenn die Vorstellung, all diese Blätter auszuschneiden, Herzversagen bei dir auslöst, kannst du auch Spielgeld oder Blatt-Stickers nehmen.) Halte die Hände über die Blätter und den Karton und sage:

Jeden Tag füge ich ein Blatt hinzu,
jeden Tag wächst mein Kontostand.
Jeden Tag füge ich ein Blatt hinzu,
bis ich mein Ziel erreiche.
Ohne jemandem zu schaden, so sei es!

Häng das Bild an einer auffälligen Stelle auf. Klebe jeden Tag ein neues Blatt an den Baum und visualisiere dabei, wie dein Bankkonto auf dein Ziel hin anwächst. Wiederhole den Zauberspruch, wenn du das Blatt anklebst. Sobald du dein Ziel erreicht hast oder die dreihundertfünfundsechzig Tage um sind, verbrennst du das Ganze. Beginne ein neues Bild mit dem alten Ziel (wenn du noch darauf hinarbeitest) oder setze dir ein neues Ziel.

Zur Verstärkung des Zaubers:

- Bastle das Ganze zwei Wochen nach Schulbeginn (in der ersten Woche ist einfach zu viel los; bis zur dritten Woche hat sich alles so weit beruhigt, dass du das Projekt deinen Kindern vorstellen kannst).

Der Reichtums-Flaschenkürbis

Für diesen Zauber ist erforderlich, dass du ein wenig Vorausblick an den Tag legst und in der Erntezeit ein paar hübsche Flaschenkürbisse sammelst. Wenn du einen grünen Daumen hast, willst du vielleicht in den Sommermonaten einige Kürbisse in deinem Garten anpflanzen. Wir stellten ein Spalier auf, denn wir hatten nicht genug Platz auf unseren Beeten, und dann verloren wir die Samen, so dass ich Gurken anpflanzen musste. (Ich vermute, die Göttin wünschte in jenem Jahr Brot-und-Butter-Pickles.) Ich musste meine Flaschenkürbisse kaufen. Lass die Kürbisse in den Wintermonaten auf dem Dachboden, im Keller oder in der Garage trocknen – irgendwo, wo es kühl und trocken ist. Kürbisse bekommen beim Trocknen gelegentlich schwarze Flecken an der Außenseite, sie sind aber trotzdem gut, wirf sie also nicht weg.

Benötigte Materialien: ein getrockneter Kürbis; dünner Draht oder Schnur; ein Teil Drachenblutkraut; ein Teil Senfsamen; ein Teil Salbei; ein Teil Fünffingerkraut; fünf neue Pfennige; fünf Getreidekörner.

Anleitung: Schneide die Spitze des Kürbisses mit einem scharfen Messer ab. Steche jeweils an jeder Seite ein gut einen Zentimeter tiefes Loch unterhalb der Öffnung in den Kürbis. Zieh den Draht durch die Löcher, so dass man ihn aufhängen kann. Sichere den Draht, indem du ihn um sich selbst drehst. Mische bei Vollmond das Drachenblutkraut, den Senfsamen und das Fünffingerkraut miteinander. Ermächtige das Ganze zum Schutz deiner Finanzen und für zukünftigen Überfluss. Lege es in den Kürbis. Füge die fünf neuen Pfennigstücke hinzu sowie fünf getrocknete Getreidekörner. Halte die Hände über den Kürbis, bete und sprich deinen Wunsch nach zukünftigen reichlichen Ernten und nach Schutz dessen, was du bereits besitzt, aus. Häng den Kürbis bei Vollmond vor deiner Haustür auf.

Wenn er dekorativ sein soll, kannst du die Außenseite des Kürbisses mit grüner oder blauer Farbe anmalen und deine Lieblingszauberzeichen für Wohlstand daraufsetzen.

Zur Verstärkung des Zaubers:

- Führe ihn bei Vollmond oder Neumond aus.
- Führe ihn an Lammas, der Herbst-Tagundnachtgleiche oder am Samhain-Fest (31. Oktober) aus.

101

Einfache Potpourri-Reichtumsmuschel

Die Hauptgottheit für diesen einfachen Zauber ist Yoruban Oshun, die afrikanische Göttin des Süßwassers. Wie zahlreiche andere Göttinnen hat auch Oshun viele Namen und viele Gesichter. Als Oshun Ana (*ana* bedeutet erste Göttin) ist sie die Göttin des Luxus und der Liebe. Die ursprüngliche Legende um diese Göttin deutet darauf hin, dass sie am Oberlauf des Oshun-Flusses geboren wurde, von daher ihre Verbindung mit dem Süßwasser der Flüsse, Ströme, Bäche und Brunnen. Sie soll mit ihrer liebenden Essenz Kranke heilen und Fruchtbarkeit verleihen. Als Oshun Telargo ist sie die Mäßige, und als Oshun Yeye Moro ist sie eine hervorragende Verführerin. Ihr männlicher Gegenpart ist Chango (oder Shango), der Sturmgott (manchmal ist sie auch seine Schwester oder Frau). Die afrikanischen Götter und Göttinnen sind anders. Sie verlangen Gaben, wenn man mit ihrer Gunst gesegnet sein will. Oshun liebt Kürbisse, Bonbons, Gold, gelbe Rosen, gelbe Kerzen und überhaupt hübsche Dinge; und wenn du Oshun einmal etwas gegeben hast, kannst du es dir nicht wieder zurückholen. Es gehört ihr für immer, und sie ist bekannt dafür, dass sie jene verflucht, die ihre Versprechen brechen oder ihre Geschenke an sie wieder zurücknehmen. Verehrer von Oshun tragen Bernsteinperlen. Falls du ein Stück Bernstein besitzt und dich davon trennen kannst, dann ist das ein wunderbares Geschenk für diese Göttin. Der Tag von Oshun ist der Freitag unter dem Planeten Venus.

Anmerkung: Afrikanische Gottheiten sind heikel. Entweder arbeiten sie mit dir zusammen oder sie tun es nicht. Ganz ähnlich wie die keltische Morrigan suchen die afrikanischen Gottheiten dich aus – du genießt nicht den Luxus, sie dir aussuchen zu können. Andere Götter und Göttinnen, die du für diesen Zauber nehmen kannst, sind Juno (römisch), Rosemerta (keltisch) oder Dagda (keltisch).

Benötigte Materialien: vier Unzen Rosenknospen; eine viertel Unze Tonka-Bohnen; eine viertel Unze Zimt; 2 Unzen pulverisierte Veilchenwurzel; eine viertel Unze getrocknete Minze; eine viertel Unze getrocknete Orangenschale (1 Unze entspricht etwa 30 g); zwei Glasschüsseln (nimm keine aus Metall, sonst wird der Duft verfliegen); ein Holzlöffel; ein großer Glaskrug mit Korken oder Glasverschluss; zehn Tropfen Geldöl; eine große Meeresmuschel.

Anleitung: Zerstoße die Tonka-Bohnen. Mische sie in der großen Schüssel mit dem Zimt, dem Veilchenkraut und der Minze (das Veilchenkraut ist das Fixiermittel; ohne dieses Kraut würde dein Potpourri schnell seinen Duft verlieren). Zerstoße in der anderen Schüssel die Rosenknospen leicht. Vermische alle Zutaten locker mit dem Holzlöffel. Füge das Geldöl zu den trockenen Zutaten hinzu und rühre von neuem im Uhrzeigersinn um. Visualisiere dabei, wie der Reichtum in deinem Haus oder an deinem Arbeitsplatz Einzug hält. Schütte die Mixtur in den Glaskrug und verschließe ihn. Lass die Mischung zwei Wochen an einem kühlen trockenen Platz ziehen. Schüttele sie jeden zweiten Tag durch. Wenn du meinst, die Mischung sei ausreichend durchgezogen, gießt du sie in die Meeresmuschel und stellst diese auf einen Altar, den du Oshun geweiht hast. Bewahre die Überreste der Mischung für dein Wohlstands-Püppchen oder deinen Talismanbeutel auf.

Zur Verstärkung des Zaubers:

- Lasse eine Opfergabe für Oshun neben dem Süßwasser zurück.

- Mische das Ganze am Mittsommertag.
- Mische es bei Vollmond oder zunehmendem Mond.
- Wenn du verzweifelt Geld brauchst, kannst du fünf gelbe Rosen in ca. 3,7 Liter Wasser stellen, dann eine gelbe Kerze anzünden und Oshun bitten, dir so schnell wie möglich Geld zu bringen. Vergiss die Opfergabe nicht.

Wohlstands-Püppchen

Püppchen sind Stoff-, Ton- oder Wachsfigürchen, die durch sympathetische Magie[6] funktionieren und für eine Vielzahl von Zauberzwecken benutzt werden können. Die Püppchen sind vielleicht eine der ältesten weiblichen magischen Anwendungen und aus den Mutterschafts-Amuletten des Mittleren Ostens entstanden, die aus Ton und Menstruationsblut gefertigt wurden und für den Schutz der Kinder gedacht waren. Püppchen dienten auch in mehreren keltischen Einflussgebieten als Ersatzopfer. Dahinter stand die Vorstellung, der Mutter zurückzugeben, was sie ihrem Volk gegeben hatte, und zwar symbolisch in Form einer Getreidepuppe, Vogelscheuche oder Korbweidengestalt. Zumeist beinhaltete die Püppchenmagie, dass man etwas hinzufügte, das der Person gehörte, welche die Puppe darstellen sollte, etwa Haare, Nägel, Blut, Erde von einem Fußabdruck oder ein Teil der Lieblingskleidung. Hier wirst du ein Püppchen anfertigen, das dich selbst repräsentiert, und du wirst an deinem eigenen Reichtum arbeiten.

---

6 Jene Dinge, die die gleiche Energie haben oder sich ähneln oder gleichen.

Benötigte Materialien: zwei Quadratmeter grüner Filz; roter Faden; ein Stück leichte Pappe; ein Stift; ein kleines Foto von dir; eine Locke deines Haares oder abgeschnittene Nägel; ein schwarzer Marker; vier ausländische Münzen.

Anleitung: Male eine einfache Zeichnung von dir auf die Pappe, die wie ein Ingwerbrotmännchen oder -frauchen aussieht. Das bist du und die Zeichnung wird deine Vorlage zum Zuschneiden der beiden Filzteile sein. Schneide die Vorlage aus und lege sie auf die beiden Filzstücke, dann schneide die Umrisse aus. Nähe die Puppe mit rotem Faden zu drei Vierteln zusammen. Das Rot wird die grüne Reichtums-Energie des Püppchens aktivieren. Lasse ein ausreichend großes Loch, damit du die Puppe problemlos ausstopfen kannst. Lege das Foto von dir, die Gewürze und die Haarlocke in die Puppe. Schiebe in jeden Arm und jedes Bein eine Münze. Schließe die Nähte. Halte deine Hände über die Puppe, um Reichtum und positiven Überfluss auf dich zu ziehen, und bitte dabei um den Segen der Gottheit. Hänge die Puppe an einem sicheren Ort auf. Erneuere die Gewürze alle sechs Monate.

Zur Verstärkung des Zaubers:

- Stelle rote Kerzen um die Puppe herum.
- Stelle mehrere Puppen her und befestige sie dann an einem Gürtel. Tanze zur Mittsommernacht den Spiraltanz.
- Stelle sie her, wenn der Mond im Stier steht, um den Luxus zu fixieren und zu halten.
- Stelle sie bei Neumond oder zunehmendem Mond her.

Reichtumstalisman oder Beschwörungsbeutel

Der Reichtsumstalisman oder Beschwörungsbeutel funktioniert genauso wie das Wohlstands-Püppchen, mit lediglich einem wichtigen Unterschied: Die Farbe des Beutels sollte rot sein und der Faden grün. Du kannst den Beutel mit einer Kordel zum Zuziehen versehen, so dass der Austausch der Kräuter, der alle sechs Monate nötig ist, leichter zu bewerkstelligen ist. Vergiss nicht, ein Foto von dir sowie einen Magnetiten beizulegen, um die Manifestation zu verbessern. Du kannst auch ein bisschen Johanneskraut beifügen, um deine zukünftigen Reichtümer zu schützen. Für schnelles Bargeld ermächtige ihn in der Stunde von Venus. Für eine langfristige Expansion nimm die Stunde von Jupiter. Trage den Beutel in der Tasche, dem Geldbeutel oder der Aktentasche bei dir.

Einen Bankkredit bekommen

Dieser Zauber sollte für jede Transaktion verwendet werden, bei der du Geld von einer Bank erhalten willst (natürlich auf legalem Wege).

Benötigte Materialien: eine kleine Schüssel mit Wasser; fünf gelbe Schwimmkerzen; eine gelbe Rose; fünf Minzeblätter; ein Stück Papier mit dem Namen der Bank; einen Zehnmarkschein.

Anleitung: Bevor du den Kreditantrag ausfüllst, geh zur Bank und tausche einen 10-DM-Schein in Kleingeld um. Du wirst dieses Kleingeld für den Zauber verwenden. Am Tag, an dem du den Darlehensantrag unterzeichnest, beginnt der Zauber. Setze die Schüssel auf das Papier mit dem Namen der Bank. Lege die Münzen des Wechselgeldes von der Bank auf den Boden der Schüssel. Füge dem Wasser fünf Blatt Minze hinzu. Lege die Rose obenauf. Zu Mittag entzündest du eine Schwimmkerze und legst sie in die Schüssel. Konzentriere dich auf die Bank, die dir das Darlehen mit dem bestmöglichen Zinssatz gewährt. Rufe deinen Schutzengel zur Hilfe. Lass die Kerze brennen. Lege an vier aufeinander folgenden Tagen jeweils zur Mittagszeit eine weitere Schwimmkerze in die Schüssel und rufe deinen Schutzengel an. Entferne die Kerzen, die nicht mehr brennen, nicht. Nachdem du den Kredit erhalten hast, dankst du deinem Schutzengel. Bewahre alle Kerzenüberreste für den Fall auf, dass du später Schwierigkeiten mit der Rückzahlung des Darlehens hast, denn sie verbinden dich physisch mit dem Darlehen. Du kannst auch mit den Kerzenüberresten arbeiten, damit sie dir helfen, rechtzeitig zu zahlen oder deine Gesamtschuld zu verbannen.

Zur Verstärkung des Zaubers:

- Unterzeichne kein Papier und keinen Antrag für ein Darlehen, wenn der Stand des Mondes nicht der richtige oder Merkur rückläufig ist.
- Der Mond im ersten und zweiten Viertel begünstigt den Kreditgeber, im dritten und letzten Viertel begünstigt er den Kreditnehmer.

Zauber für geschäftlichen Erfolg

Wenn du eine eigene Firma besitzt oder auf andere Weise selbstständig bist, ist dies ein großartiger Zauber, der deinem neuen oder alten Geschäft einen kräftigen Schub verleiht.

Benötigte Materialien: eine große Servierplatte; eine viertel Tasse Maismehl; sieben ausländische Münzen; ein kleiner roter Flanellbeutel; Reichtums-Räucherwerk deiner Wahl; Geldöl deiner Wahl (wenn du kein Geldöl hast, nimm Oliven- oder Mandelöl); eine grüne, eine gelbe, eine rote und eine blaue Kerze; ein Magnetit (als Ersatz ein Magnet). Schreibe den Namen deiner Firma (oder die Bezeichnung für deine Geschäftstätigkeit) auf ein Stück Papier. Ritze das Symbol der Sonne (☉) in jede Kerze.

Anleitung: Reibe jede Kerze mit Öl ein. Lege das Papier mit dem Namen deines Geschäfts unter die Platte. Bestreue die Platte mit Mehl und bitte um den Segen der Göttin aller Ernten. Arrangiere sieben ausländische Münzen auf dem Mehl in Form eines Kreuzes, so dass sich vier Münzen quer und vier Münzen senkrecht ergeben. Stelle die grüne Kerze oben auf das Arrangement, die gelbe Kerze auf die rechte Seite, die rote Kerze unten und die blaue Kerze auf die linke Seite. Lege den Magnetiten direkt in die Mitte des Münzmusters. Zünde die Kerzen an, beginnend mit der grünen, und bitte die Göttin aller Ernten, dir geschäftlichen Erfolg zu bringen. Zünde das Räucherwerk an und wiederhole die Bitte. Lass die Kerzen und das Räucherwerk völlig herunterbrennen. Lege die Münzen, den Magnetiten und das Mehl in den roten Beutel. Trage den roten Beutel so oft wie möglich bei dir oder lege ihn irgendwo in dein Geschäft. Erneuere den Zauber alle sechs Monate oder wann immer du meinst, dass es nötig ist.

Geschenke und Risiken

Es stimmt, es gibt nichts umsonst. *Niemals.* Es muss stets ein Austausch an Energie zwischen dir und dem anderen stattfinden, ungeachtet des Ereignisses, der Situation oder des Bedürfnisses. Wenn der Austausch nicht ausgewogen ist, wirst du letztendlich leiden müssen. Heißt das, dass du nicht wohltätig sein kannst? Keineswegs. Ich sprach vom »gleich hohen Austausch an Energie«, nicht unbedingt von einem finanziellen Entgelt für deine Dienste. Viele von uns wurden mit der Vorstellung großgezogen, dass Wohltätigkeit die höchste Form des Gebens ist. Das ist auf spiritueller Ebene auch richtig. Beunruhigend ist aber das Verhalten vieler Menschen, die meinen, sie sollten etwas umsonst bekommen, nur weil sie leben. Wenn du versuchst, deine Finanzen im Auge zu behalten, sei nicht so großzügig, dass du deine finanziellen Möglichkeiten überziehst oder offen für verschiedene Frechdachse bist, die dein Gehalt melken. Wenn etwas zu gut aussieht, um wahr zu sein, dann *ist* es wahrscheinlich auch zu gut, um wahr zu sein. Benutze ein Weissagungswerkzeug, konsultiere außenstehende Quellen, eine Person, eine Firma oder ein Finanzinstitut, und rede mit deinem Schutzengel, bevor du irgendein Risiko mit deinem Geld eingehst. Schließlich sollte die Shakespearesche Weisheit »Sei weder Verleiher noch Leiher« dein magisches Mantra bei so vielen finanziellen Entscheidungen wie möglich werden. Meine Weisheit lautet: »Leih dir niemals Geld von einem Freund und leihe Freunden niemals Geld.« Wenn du jemandem ein Geschenk machen möchtest, so ist das etwas anderes, aber Freunden etwas zu schulden oder Freunde zu haben, die einem etwas schulden, führt zu allen möglichen hässlichen emotionalen Problemen. Lass dich auf so etwas gar nicht erst ein.

Quickies zur Reichtums-Manifestation

Die Durchführung von Zaubersprüchen, Zeremonien und Übungen zur Mehrung deines Reichtums ist phantastisch, wenn du die Zeit dazu hast. Aber was tust du, wenn du vertrauensvoll am Manifestations- oder am Bannzauber gearbeitet hast und jetzt einen Ausflug unternehmen, eine Verabredung einhalten oder häusliche Arbeiten erledigen musst? Manchmal hat der Tag einfach nicht genug Stunden. Hier sind ein paar Zauber-Quickies, die dir deine Zuversicht erhalten und den Reichtum ungehindert durch dein Leben strömen lassen. Quickies ersetzen nicht die normale Zauberarbeit, aber sie helfen, die Dinge stetig am Laufen zu halten.

- Lege getrockneten Seetang unter den Teppich im meistbenutzten Teil des Hauses, um Glück und Reichtum auf dich zu ziehen.
- Putze die Fenster mit Ammoniak und Essig, damit der Wind dir Segen bringt.
- Kaufe eine Regulatoruhr (oder eine andere Uhr mit Läutwerk). Wenn das Läutwerk die Stunde schlägt, wiederholst du deine Lieblings-Reichtumsbestätigung.
- Stelle Möbel oder andere Ziergegenstände in die Ecken deines Zimmers, um den Energiefluss gleichmäßig zu halten.
- Streiche die Innenseite deiner Badezimmertür schwarz und halte sie stets geschlossen, damit dein Reichtum nicht aus dem Haus fließen kann.
- Benutze eine löchrigen Stein (Steine mit natürlich entstandenen Löchern, die man an der Küste oder in Bachläufen findet), um positive Energie auf dich zu ziehen.
- Streue Fünffingerkraut in deine Geldbörse, deine Brieftasche, deinen Safe, deine Spardose etc., damit du in der Abteilung für Reichtum eine hilfreiche Hand hast.

- Blase mit einem Strohhalm in deinen Morgenkaffee, um den Tag gewinnbringend zu machen (das ist kein Scherz von mir).
- Zeichne ein Pentagramm auf ein Stück Papier, um einen bestimmten Gegenstand auf dich zu ziehen. Nimm eine Abbildung dessen, was du haben willst, und schreibe deinen Namen auf die Unterseite des Bildes. Lege das Objekt in die Mitte des Pentagramms. Lasse es unberührt, bis du das Gewünschte erhalten hast. Umgebe es mit einem Kreis aus Salz zum zusätzlichen Schutz deines Wunsches.
- Füge sechs Tassen kochendem Wasser einen Esslöffel Muskatnuss hinzu, um dein Geschick zu wenden. Lass es drei Stunden lang ziehen. Reibe damit deinen Körper ein oder setze das Wasser einem Ritualbad zu. Wenn du für ungewöhnliche Dinge im Badewasser sensibel bist (ich bin es), dann kannst du es als Spülung unter der Dusche verwenden.
- Weihe etwas Goldglimmer und streue ihn auf die Türschwelle, um Reichtum ins Haus zu bringen.
- Kaufe ein leicht lesbares Buch über Feng Shui (die chinesische Kunst der Architektur und Wohnungseinrichtung) und kombiniere diese Kunst mit deinem Reichtumszauber.
- Beginne neue Unterfangen bei zunehmendem Mond.
- Unterzeichne wichtige Papiere, Verträge und Vereinbarungen bei zunehmendem Mond.

Quickies für Ladenbesitzer

- Wickle drei ausländische Münzen in goldenen Stoff ein. Lege das Päckchen in die Ladenkasse.
- Steche neun Nadeln in eine Knoblauchzehe und hänge sie bei der Ladentür auf.

- Befestige mit Gummi einen großen Geldschein um eine geweihte Mandragorawurzel und lege das Ganze in die Kasse.
- Stopfe ein Püppchen mit drei kleinen Geldscheinen und drei ausländischen Münzen. Verstecke es bei der Kasse unter dem Ladentisch.
- Reinige dein Lager, die Verkaufsfläche oder den Verkaufstisch jeden Tag mit geweihtem Wasser oder Salbei. Wische den Boden damit, um einen konstanten Kundenstrom zu gewährleisten.
- Nimm von einem gewöhnlichen Kartenspiel die Karo-Ass, -Zehn, -Neun und -Sieben. Reibe sie mit Reichtumsöl (siehe Seite 71) ein und stecke sie zusammen in deinen Geldbeutel oder in deine Tasche. Erneuere das Ganze einmal im Monat bei Vollmond.
- Lege eine Knoblauchzehe in dein liebstes Geld anziehendes Zauberöl. Hänge die Zehe anschließend unmittelbar unter der Kasse oder dem Tisch, an dem du arbeitest, auf.

Lernen, sich auf das Gefühl im Bauch zu verlassen

In diesem Buch gebe ich dir Unmengen an Informationen über Gottheiten, Kräuter, Kerzenfarben, Mondphasen, Planetenenergien usw. Sei bereit, damit zu experimentieren. Den Mond in den verschiedenen Zeichen zu beachten ist eine subjektive Art von Magie und funktioniert möglicherweise nicht bei allen gleich gut. Lerne, dich immer auf deine Intuition zu verlassen. Es kann zum Beispiel alles bestens laufen, du arbeitest mit dem Neumond und dem zunehmenden Mond, es ist eine Geldeingangs-Phase, und plötzlich ist dir nach der Bannung negativer Energien zu Mute, aber es ist nicht abnehmender Mond, und es ist Freitag, ein Tag der Liebe. Solltest du warten, statt deinem Instinkt zu folgen? Nein. Leg los und tu, was deine innere Stimme dir sagt. Lass dich nicht davon irritieren, warum du dich so oder so fühlst. Fang an und reibe die schwarze Kerze ein. Rolle die schwarze Kerze in rotem Glimmer. Brenne die Kerze an und bitte den Geist (oder die von dir ausgesuchte Gottheit), alle negativen Energien in deiner Umgebung zu zerstreuen.

Nun ist es an der Zeit für dich, einen Blick auf das zu werfen, was ich im Reich der Armutsverbannung entwickelt habe, und zu erfahren, wie man die Energie des abnehmenden Mondes in finanziellen Erfolg verwandelt!

4

Armut verbannen

In den letzten beiden Kapiteln haben wir an der Manifestierung von Reichtum gearbeitet. In diesem Abschnitt werden wir uns nun damit beschäftigen, negative Energien von dir wegzustoßen, und einen genauen Blick auf deinen augenblicklichen finanziellen Status sowie die Frage werfen, wie du selbst mit dem schlimmsten Geldproblem auf positive Weise umgehen kannst. Nach Debtor's Anonymous[1] (Anonyme Schuldner) sind zur Zeit zwanzig Millionen Amerikaner völlig überschuldet. Insgesamt, so glaubt man, stecken mehr als achtzig Prozent der amerikanischen Bevölkerung in irgendwelchen finanziellen Schwierigkeiten – darunter viele, die das niemals ihren Freunden und ihrer Familie gegenüber, geschweige denn bei einer Umfrage einräumen würden.

Es wird behauptet, man solle das am besten lehren, was man selbst am dringendsten lernen muss, und dieses kleine Sprichwort hat sich in meinem Leben unzählige Male als richtig erwiesen. Die Zaubersprüche in diesem Kapitel sind mein Geschenk für dich. Ich habe sie in einer sehr harten Zeit meines Lebens entworfen und getestet. Ich weiß, dass sie funktionieren. Du kannst

---

1 *How to Get Out of Debt, Stay Out of Debt & Live Prosperously* von Jerrold Mundis. Bantam Books 1988. Seite 2.

mir glauben, dass ich mich mit jeder Korrespondenz, jeder Mondphase und jedem verwendeten Material abmühte, bis ich das Gefühl hatte, dass die Techniken perfekt waren. Ich rief Leute an, die ein jahrzehntelanges Training in der einen oder anderen Zauberreligion hinter sich hatten, oder besuchte sie und stellte ihnen Fragen über Magie und Reichtum.

Keiner dieser Zauber stellt eine schnelle Reparaturlösung für deine finanzielle Sicherheit dar, aber jeder von ihnen deckt eine Facette dessen ab, was du vielleicht durchlebst und was du ändern kannst. Wenn du diese Zaubersprüche, in Verbindung mit deiner Manifestationsarbeit, vertrauensvoll ausführst, solltest du finanzielle Unabhängigkeit erlangen. Ich tat es.

Wenn du einige dieser Zaubersprüche bearbeitest, kommt es dir vielleicht vor, als würdest du gegen Bestätigungen ankämpfen oder ein »heikel-ekliges« Gefühl bekommen. Diese unterbewusste (oder sogar bewusste) Reaktion ist die Folge deiner negativen Assoziationen zu deinen Ausgaben. Hol dieses Gefühl sofort hervor und sieh es dir genau an. Schiebe dieses negative Gefühl nicht einfach beiseite, ohne es als das zu sehen, was es ist – nur ein Gefühl. Gib nicht auf. Beende jeden Zauber mit den Worten:

Meine Ausgaben zwingen mich nicht,
mental, physisch oder spirituell zu leiden. So sei es!

Wenn du Ähnlichkeit mit mir hast, könnte es dir zunächst schwer fallen zu erkennen, dass deine Ausgaben nur eine vorübergehende Manifestation deiner früheren Aktionen sind, und du kannst geistig und emotional gegen etwas ankämpfen, das du für das Ende der Welt hältst. In den ersten drei Wochen, in denen ich meine Einstellung zu meinen Ausgaben änderte, musste ich mir meine Bestätigungen viele Male vorsagen, denn meine Gedanken und

Handlungen waren die Folge meiner eigenen jahrelangen negativen Programmierung.

Um meine Einstellung zur Bannung meiner Ausgaben zu bekämpfen, zündete ich bei Dunkelmond eine schwarze Kerze an und sagte:

Großer Herr und große Herrin des Universums,
helft mir, mein Bewusstsein zu heben
und meine Schulden zu tilgen. So sei es!

Ich stellte mir vor, wie ich mitfühlender wurde, weniger kritisch und schuldenfrei. Nun bist du dran!

Schnelle Reinigungen

Manchmal benötigen wir eine Schnellreinigung. Zum Beispiel zahlte ich an einem bestimmten Abend meine letzten Rechnungen, und obwohl ich stolz darauf war, dass ich mich um all meine Ausgaben kümmerte und ein bisschen Geld übrig hatte, fühlte ich mich noch immer emotional unbefriedigt. Es war Zeit für eine Schnellreinigung.

- Verbrenne Salbei und benutze den Rauch, um negative Energien zu beseitigen.
- Sprenge geweihtes Quellwasser rund ums Haus.
- Trage ein geweihtes Ei rund ums Haus und stelle dir dabei vor, wie das Negative in das Ei eindringt. Wirf das Ei weg.

Nachdem du nun Körper, Verstand und Seele geläutert und gereinigt und die Tür für positive Energien geöffnet hast, ist es an der

Zeit, dich eingehend damit zu befassen, wie du Schulden aus deinem Leben entfernen kannst!

Zauber für Verzweifelte

Bevor wir beginnen, uns methodisch durch deine Schulden zu arbeiten, brauchst du vielleicht einen schnellen Zauber, damit du dich in die richtige Richtung bewegen kannst. Wenn der Geldeintreiber bereits an der Tür steht oder sie dich gerade wegen ungedeckter Schecks erwischt haben (he, das kann passieren), hier ist ein Zauber, der dir heraushilft. Ich warne dich aber, er wird den Schlamassel, in den du dich gebracht hast, nicht beseitigen – aber er wird helfen, dir den finanziellen Druck zu nehmen, bis du den Kopf wieder gerade halten kannst.

Benötigte Materialien: drei grüne Kerzen; sechs braune Kerzen; eine Wasserschale; ein Magnetit (kann durch einen Magneten ersetzt werden); ein Päckchen Nadeln; vier Eier, zerstoßene Minze.

Anleitung: Ermächtige die grünen und braunen Kerzen für den Geldbetrag, den du dringend brauchst. Ritze den Betrag mit einer Nadel oder Stecknadel in jede Kerze. Stelle eine grüne Kerze zwischen zwei braune. (Lege die anderen Kerzen für die nächsten beiden Tage beiseite.) Ermächtige die Eier, die Negativität von dir und deinem Haus wegzuziehen. Setze den Magnetit in die Wasserschale. Bestreue ihn mit zerstoßener Minze. Halte die Hände über die Schale und bitte darum, dass der von dir genannte Geldbetrag zu dir gezogen wird. Lass die Nadeln ins Wasser fallen (sie sollten vom Magnetit angezogen werden). Zünde die Kerzen an und sage: »**Schulden zerstreut euch, Geld sammle dich.**« Nenne den Geldbetrag, den du brauchst, drei Mal laut. Nimm die vier Eier und lege ein Ei in jeweils eine der vier Ecken des Hauses. Lass die Kerzen vollkommen herunterbrennen. Warte vierundzwanzig Stunden. Verstreue die Nadeln an der vorderen und hinteren Hauswand und bitte darum, dass der Reichtum an deine Tür komme. (Wenn dir das widerstrebt, kannst du die Nadeln in einer Metalldose – nicht in einer Aludose – lassen.) Lass die Eier sieben Tage lang in den vier Ecken (zerbrich sie nicht) und dann entferne sie von deinem Grund und Boden. Reinige den Magnetit und lege ihn an einen sicheren Ort, du kannst ihn noch für andere Zaubersprüche gebrauchen. Wiederhole den Teil des Zaubers mit den brennenden Kerzen an drei aufeinander folgenden Tagen.

Zauberschachtel für Rechnungen

Du weißt, dass du deine Rechnungen bezahlen musst, aber sie über den Schreibtisch verstreut liegen zu lassen, wo sie dich fortwährend an deine finanzielle Unsicherheit erinnern, ist nicht die beste Idee der Welt. Es ist auch nicht gut, alle Rechnungen in eine braune Papiertüte zu stopfen und sie auf der Toilette abzulegen. Obwohl die Rechnungen dann außer Sicht sind (und möglicherweise aus dem Sinn), kannst du einfach vergessen, dass sie dort sind, was für dein finanzielles Wohlergehen auch nicht sonderlich gut wäre. Ich beschloss, einen positiven Platz für meine Rechnungen zu suchen, bis ich sie bezahlen konnte, die Negativität von ihnen zu entfernen und mich in Zukunft von zu hohen Ausgaben fern zu halten – alles zur gleichen Zeit.

In diesem Zauber verwenden wir die Farbe Schwarz (ein universales abstoßendes Mittel) und einen Zauberspiegel, der ermächtigt ist, Negativität zu beseitigen. In den Volkssagen werden Spiegeln alle möglichen Kräfte zugeschrieben, darunter die Möglichkeit, dass man durch einen Spiegel die Schattenseele von sich selbst oder einem anderen sehen könne. Man glaubte auch, Spiegel würden Negativität ablenken oder manchmal absorbieren, und auf diese Weise werden wir sie bei dem Zauber einsetzen.

Die in diesem Zauber verwendete Energie stammt von Juno Moneta, der römischen Muttergöttin, die als Schutzpatronin der Familie und Beschützerin des Handels und der Reise gilt. Münzen aus wertvollen Metallen wurden im Tempel auf dem Kapitol geprägt (wenn auch einige historische Verweise darauf hindeuten, dass das Geld im Tempel der Juno Moneta geprägt wurde), damit das Geld den Segen der Göttin trug. Man glaubte, ihre Münzen besäßen die Energie des guten Schicksals und der Heilung. Juno ist eng mit dem Mond verbunden, weshalb ihre Assoziation mit der lunaren Magie sehr stark ist. Jene, die das römische Pantheon verehrten, waren der Überzeugung, jede Frau habe ihre eigene »Juno«, die an ihrem Geburtstag geehrt werde, wohingegen jeder Mann seinen persönlichen »Genius« hatte. Wie viele Göttinnen hatte auch Juno zahlreiche charakterliche Gesichter (oder Facetten). Zu Ehren von Juno Unixia salbte die Frau des Hauses die Türen und bat auf diese Weise um Segnungen, Reichtum und Schutz für jene, die dort wohnten.

Juno hat zwei Festtage. Der erste am 1. März gilt den verheirateten Frauen, und mit dem zweiten am 7. Juli wird sie gefeiert, weil sie die Römer in kriegerischer Zeit rettete. Junos bevorzugtes Tier ist die Gans.

Wir werden zerstoßene Knoblauchzehen verwenden, die sich hervorragend für die Verbannung von Negativität, für den Schutz unserer Reichtümer und die Anziehung neuen Geldes eignen.

Benötigte Materialien: eine stabile Schuhschachtel (oder eine farbige Schachtel deiner Wahl); ein Malerpinsel; Dekorfarben, darunter sehr viel Schwarz; ein schwarzer Marker; Klebstoff; Lieblingsbilder; etwa 15 Gramm zerstoßene Knoblauchzehen; sechs kleine Spiegel (die kannst du für ein paar Mark in einem Kunstgewerbeladen bekommen; als Ersatz kannst du auch sechs runde Stücke Alufolie ausschneiden); ein Stückchen Gold oder Silber (auch das kannst du durch eine kleine Scheibe glatte Alufolie ersetzen; als ich mir diesen Zauber ausdachte, nahm ich Alufolie für die Spiegel und die kleine Scheibe, und es funktionierte sehr gut).

Anleitung: Siegle mit dem schwarzen Marker die Rückseite jedes Spiegels mit einem gleichschenkligen Kreuz (Seite 50). Male die Innenseiten der Schachtel sowie die Unterseite des Deckels ganz schwarz aus. Lass alles trocknen. Klebe jeweils einen Spiegel auf jede Innenseite der Schachtel, damit sie Negativität absorbieren. Verziere die Außenseite der Schachtel mit Farben und deinen Lieblingsbildern. Klebe das Stückchen Gold oder Silber auf die Oberseite des Deckels.

Halte die Schachtel, mit Osten beginnend, in die vier Himmelsrichtungen (O, S, W, N) und bitte um Reichtum sowie die Fähigkeit, alles, was du schuldest, rechtzeitig und ohne negative Begleiterscheinungen zurückzahlen zu können. Halte die Hände über die Schachtel und sage:

Gütige Juno, höchste Muttergöttin.
In deinem Namen befähige ich diese Schachtel,
alle mit meinen Finanzen und den Rechnungen,
die ich hier hineinlege, verbundene Negativität
aufzunehmen. Ich bitte um die Segnungen
eines zukünftig guten Geschickes und der Heilung,
und dass jeder Pfennig, den ich ausgebe,

dreifach zu mir zurückkommt, so dass all
meine Schulden rasch getilgt sind. Zauberspiegel,
nehmt alle Negativität, die mir von anderen in Verbindung
mit diesen Rechnungen gesandt wird, auf und schickt
die Negativität dahin zurück, wo sie herkam.
Ohne jemandem zu schaden, so sei es!

Stelle die Schachtel auf deinen Schreibtisch, die Kommode oder den Küchentisch – dorthin, wo du am leichtesten rankommst, wenn es an der Zeit ist, deine Rechnungen zu bezahlen. Wenn du eine Rechnung erhältst, legst du sie so lange in die Schachtel, bis du sie begleichen kannst. Wenn du die Rechnung in die Schachtel legst, sagst du dabei Folgendes:

Gütige Juno. Höchste Mutter.
Bitte verbanne jede Negativität von dieser Rechnung.
Segne mich mit einem guten Geschick und Heilung.
Wie ich es will, ohne Schaden für andere, so sei es!

Lege die Rechnungen in die Schachtel. Bestreue sie mit zerstoßenen Knoblauchzehen und sage:

Knoblauch, Pflanze des Jupiter, verbanne alle Negativität
aus den Ausgaben in dieser Welt in die Welt der
Fantasmen.
Bring mir den Abbau meiner Schulden und neue
Reichtümer.
Ohne jemandem zu schaden, so sei es!

Stülpe den Deckel über, berühre ihn auf der Oberseite und sage:

Gütige Juno, hilf mir, eine starke und stabile finanzielle Zukunft aufzubauen, ohne Schulden und mit dem Gefühl der Sicherheit. Ohne jemandem zu schaden, so sei es!

Manchmal hast du es vielleicht eilig, deshalb kannst du dann **»Segen über mich«** sagen, während du die Rechnung in die Schachtel legst. Es ist wichtig, darauf zu achten, dass die Schachtel fest verschlossen ist, bis du die Rechnungen bezahlen kannst.

Zur Verstärkung des Zaubers:

- Fertige die Schachtel bei Vollmond an, oder an einem Tag nahe am Vollmond.
- Begleiche deine Rechnungen an einem Sonntag in der Stunde des Saturn (zur Bannung).
- Bring Juno ein Speiseopfer, vorzugsweise im Wald.
- Lege der Schachtel eine Gänsefeder bei.
- Lege ein Stück Amethyst in die Schachtel, um Negativität abzustoßen.
- Fertige die Schachtel am 1. März oder am 7. Juli an.

Der Abrakadabra-Zauber zum Abbau von Schulden

Dieser Zauber ist dir eine großartige Hilfe beim Abbau alter Schulden, die du angehäuft hast, sowie bei den normalen monatlichen Ausgaben. Im Althebräischen bedeutet das Wort *abrakadabra* »schleudere deinen Blitzstrahl sogar auf den Tod«, und es wurde mit einem Blitzgott verknüpft, der Verderben brachte, indem er sich selbst auf den Planeten stürzte, damit alle Lebewesen der Erde leben konnten. Andere Gelehrte meinen, die hebräische Interpretation des Wortes sollte *ab* (Vater) *ben* (Sohn) und *ruach acadsch* (heiliger Geist) lauten. Es wird auch diskutiert, dass das Wort chaldäischen Ursprungs sei und überhaupt nicht in die kabbalistische Interpretation gehöre. Ungeachtet dessen wissen wir zwei Dinge: Die mit diesem Zauber verbundene Gottheit ist ursprünglich eindeutig männlich und das Wort taucht erstmals in den Schriften von Severus Sammonicus, eines Gnostikers und Arztes des zweiten Jahrhunderts, auf. Wir wissen ferner, dass der Name zu einer eigenständigen Beschwörung wurde und die mit Krankheit oder Armut Geschlagenen von ihrem Leid befreite. Wir werden dasselbe machen und den Zauber dazu benutzen, uns unserer Altschulden zu entledigen.

Anweisung: Sobald du mit der Post eine Rechnung erhältst, schreibst du Folgendes auf das entsprechende Kuvert:

Abrakadabra
Abrakadabr
Abrakadab
Abrakada
Abraka
Abrak
Abra
Abr
Ab
A

Dann drehst du die Rechnung um und schreibst den vollen Betrag, den du schuldest, darauf; zum Beispiel:

EUR 995,34
EUR 995,3
EUR 995
EUR 99
EUR 9
EUR

Lege die Rechnung in deine Zauberschachtel, bis du sie bezahlen kannst.

Ich habe festgestellt, dass ich dadurch, dass ich mit jeder Rechnung bewusst »etwas tat« (selbst wenn ich nicht das Geld dafür hatte), mental und physisch meine Macht über meine Finanzen bekräftigte und meine Angst verbannte. Der positive Gedanke, dass du auf die beste dir bekannte Weise, wie du dich und deine Finanzen befähigen kannst, daran arbeitest, macht den kleinen Unterschied aus.

Zur Verstärkung des Zaubers:

- Wiederhole bei einer besonders hohen Rechnung den Zauber an einem Samstag in der Stunde des Saturns.
- Rolle das Kuvert, in dem die Rechnung steckte, auf, besprenge es mit Essig und verbrenne es sofort.

Wann man welche Rechnung bezahlt

In Kapitel 3 widmeten wir uns dem Geldeingang und -ausgang. Nur wenige von uns können sich den Luxus erlauben, alle Rechnung sofort nach Eingang zu bezahlen, wenn du auch, je länger du den Geldzauber praktizierst, immer rascher den Zahlungstermin einhalten kannst, den du dir wünschst, um die Kontrolle über deine Geldausgangs-Tage zu haben. Manche Leute begleichen ihre Rechnungen gerne alle auf einmal, während andere sie lieber nacheinander, wie sie hereinflattern, bezahlen. Ich wartete früher, bis ich ein gutes Gefühl bei ihrer Begleichung hatte – was nicht sehr weise war, denn ich wollte sie eigentlich überhaupt nicht bezahlen. Wichtig ist, ein Schema zu entwickeln, das zu deinem Lebensstil passt und mit dem diese Ausgaben termingerecht abgegolten werden. Nimm dir ein paar Augenblicke Zeit und überlege, wie du das Geld, das du schuldest, bezahlen willst. Monatlich? Wöchentlich? Sobald die Rechnungen ins Haus kommen? Sobald du ein Ziel vor Augen hast, bist du der finanziellen Sicherheit bereits einen Schritt näher gekommen.

Bei den meisten Zahlungen hast du eine gewisse Frist für die Begleichung ohne Verzugsgebühren. Zumeist hast du zwei oder drei Wochen vom Zeitpunkt, an dem die Rechnung bei dir einging, bis zum geforderten Zahlungstermin. Das erlaubt dir, den Tag zu wählen, an dem du den Scheck ausstellen und absenden willst. In den meisten Fällen können wir die Zahlungsziele sogar mit einem einfachen Telefonanruf oder einem freundlichen Schreiben ändern. In dem folgenden Sieben-Schwestern-Zauber erledigen wir die Rechnungsbegleichung am Samstag, dem magischen Tag für Verbannungen. Können wir die Rechnungen auch an einem anderen Tag bezahlen, wenn wir das wollen? Sicher. Denke daran, Rechnungen sind nicht die einzige Methode, mit der wir Geld ausgeben. Du willst vielleicht einen Scheck zur Begleichung einer Urlaubsbuchung verschicken, in eine Lieblingsaktie investieren oder Geld auf dein Sparbuch einzahlen. Obwohl diese Aktivitäten als Geldausgang (da das Geld aus deinen Händen wandert) gelten, kann Letzteres als ein Gewinn betrachtet werden. Schauen wir uns die anderen sechs Tage der Woche an, um zu entscheiden, ob ein oder zwei Rechnungen, die du vorliegen hast, besser an einem anderen Tag bezahlt werden sollten. Vergiss nicht, dass wir den Neumond und zunehmenden Mond dazu benutzen, Energien auf uns zu ziehen, und den Vollmond sowie den abnehmenden Mond, um Dinge von uns wegzustoßen.

Sonntag (Planet: Sonne). Der Sonntag gilt als Erfolgstag. An diesem Tag setzen wir unser Geld ein, damit uns jemand einen Gefallen tut, wir bezahlen für medizinische Gesundheitsvorsorge, die Anzeigen für unser Geschäft, leisten Vorauszahlungen für den Urlaub, investieren in den Aktienmarkt und nehmen Einzahlungen aufs Sparbuch vor. Auch wenn die meisten Geldinstitute sonntags geschlossen haben, kannst du deine Zahlungsanweisungen an diesem Tag verschicken. Damit dein Geld höchste Zuschläge anzieht, steckst du es am Sonntag in der Stunde der Sonne in den Briefkasten. Ermächtige ein bisschen Glimmer für finanziellen Erfolg und streue ihn auf das betreffende Kuvert. Der Sonntag ist ein guter Tag, um bei anderen Geld einzusammeln. Bezahle an diesem Tag die Gas-, Strom- oder Heizölrechnungen.

Montag (Planet: Mond). Der Montag herrscht über das Leihen und Verleihen von Geld sowie über Familien- und Haushaltsangelegenheiten. Unterzeichne Verträge und Vereinbarungen an einem Montag, wenn der Mond zunimmt. Nutze die Montage zur Zahlung von Schulsachen, zum Kauf von Kleidung für die Kinder oder den Partner, die Investition in Reparaturen oder den Kauf von größeren Gegenständen für die Wohnung. Das ist der Tag für Lebens- und Autoversicherungs-Zahlungen. Der Montag deckt auch Ausgaben in Verbindung mit kurzen Reisen und Public Relations ab, die Hypothekenzahlungen fürs Haus oder die Wohnungsmiete, aber auch die Wasserrechnung. Kaufe an diesem

Tag Lebensmittel ein. Leihen und Verleihen fallen unter die Energie des Mondes. Der Mond im ersten und zweiten Viertel begünstigt den Verleiher, während der Mond im dritten und vierten Viertel für den Leihenden günstig ist. Tätige Einkäufe für den Garten an diesem Tag.

Dienstag (Planet: Mars). Der Dienstag ist der Kriegstag und hat aggressive Energien. Um deine Erfolgschancen in einem juristischen Streitfall zu vergrößern, bezahlst du damit verbundene Rechnungen an einem Dienstag bei zunehmendem Mond. Wenn man dich verklagt hat, dann begleichst du die entsprechenden Rechnungen an einem Dienstag bei abnehmendem Mond. Mit Werkzeugen, Waffen, Metallen, deinem Fitnessclub, Operationen, Wettgemeinschaften, Sportsachen, Golfstunden usw. verbundene Ausgaben fallen unter die Marsenergie.

Mittwoch (Planet: Merkur). Der Mittwoch ist der Haupttag der Kommunikation und Korrespondenz. Wenn du deinen Zahlungen etwas Schriftliches beifügen musst, so verschicke dies an einem Mittwoch mit der passenden Mondphase. Der Mittwoch deckt die Ausbildung, Reisen, Geschwister, Nachbarn, Verkäufe, Schreiben und Computer ab. Mit Telefon, Internet, Kabelanschluss oder Satellitenkommunikation verbundene Ausgaben fallen unter die Schirmherrschaft von Mittwoch und Merkur.

Donnerstag (Planet: Jupiter). Der Donnerstag ist der Geldtag. Konzentriere dich auf Investitionen, neue Unternehmungen, Veröffentlichungsaktivitäten, Firmenexpansion und überseeischen Handel. Zahlungen für die Privatuniversität oder andere Ausbildungsaktivitäten gehören hierher. Dies ist ein guter Tag, um allgemeine juristische und Bankausgaben zu begleichen. Wenn du zur Bezahlung einer bestimmten Rechnung etwas verkaufen willst, so beginne damit an einem Donnerstag bei zunehmendem Mond. Der Donnerstag ist auch der Tag, an dem du ein Auto kaufen oder verkaufen, Autoraten begleichen, Fahrscheine erstehen, Flugtickets aushandeln, Autoinspektionen oder -reparaturen und auch den Autostellplatz bezahlen solltest.

Freitag (Planet: Venus). Der Tag der Liebe. Kaufe Geschenke für andere, Kosmetikprodukte, Kunst- und Musikobjekte an diesem Tag. Erstehe die Abonnements für Oper oder Sportereignisse. Dinge deines Lebensraums, die »nur der Schönheit« dienen, fallen unter die Energien des Freitags und der Venus. Freitage sind gut für Frisörtermine. Wenn du mit der Planung einer Hochzeit, entsprechenden Feierlichkeiten oder einem Hochzeitstag zu tun hast, ist der Freitag der Tag für die Abschlusszahlung. Rechnungen, die mit Musik- oder Kunstunterricht in Zusammenhang stehen, sollten an diesem Tag bezahlt werden.

Samstag (Planet: Saturn). Der Samstag ist der Haupt-Banntag. Alles, was du loswerden möchtest, sollte an diesem Tag bezahlt werden, vor allem die letzte Rate der Hypothek, Zahnarztrechnungen und die Kosten aus für dich widrigen Situationen.

Sieben-Schwestern-Zauber zur Begleichung deiner Rechnungen

Benötigte Materialien: ein schwarzer Stift (zur Verbannung von Schulden); eine schwarze Kerze (eine weiße tut es auch,wenn du keine schwarze zur Hand hast); je vier Gramm Engelwurz, Knoblauch und Zimt; eine feuerfeste Schüssel; Räucherwerk deiner

Wahl; eine kleine Metallschale; geweihtes Quellwasser. Übung im Zeichnen eines siebenzackigen Sterns (des Symbols der Sieben Schwestern).

Anleitung: Räume an einem Samstag, in der Stunde des Saturn, deinen Küchen- oder Esstisch frei. Hole die Rechnungen aus deiner Zauberschachtel und zeichne über den Rechnungsstapel in der Luft ein bannendes Pentagramm. Sortiere dann alles Unnötige aus – du weißt schon, Beilagen, diese Spezialangebote, die dich nur noch mehr Geld kosten, und die aufgerissenen Kuverts, auf denen bereits dein Abrakadabra-Zauber steht.

Falls du den Abrakadabra-Zauber noch nicht auf die alten Umschläge geschrieben hast, so tue es jetzt. Wenn du damit fertig bist, verbrennst du den Müll in einer kleinen Metallschale und stellst dir dabei vor, wie deine Schulden von dir weichen. Zerstoße Engelwurz, Knoblauch und Zimt zusammen und mische sie unter die Asche (alle drei Gewürze haben große Bannkräfte). Verstreue die Asche im Wind und bitte darum, dass deine Schulden ohne Schaden für andere aus deinem Leben verbannt werden. (Falls du das nicht an einem Samstag machen kannst, dann suche dir einen besonders windigen Tag dafür aus oder mache es während eines starken Regensturms.)

Zünde eine schwarze Kerze an (du kannst jedes Mal, wenn du deine Rechnungen bezahlst, dieselbe Kerze verwenden, darfst sie jedoch nicht für etwas anderes benutzen). Stelle dir bildlich vor, wie das Licht der Kerze deine finanziellen Sorgen verbannt. Zeichne mit der Kerze ein bannendes Pentagramm über dem Stapel Rechnungen in die Luft. Lass die Kerze weiterbrennen. Mach jede Rechnung versandfertig und sage dabei:

Ich verbanne alle Negativität in Verbindung mit diesen Ausgaben aus meinem Leben, sei sie real oder eingebildet, physisch oder in der Welt des Unsichtbaren vorhanden. Ganz besonders verbanne ich (Bezeichnung der Rechnung). **Ich bekräftige, dass mein Bankkonto, von dem diese Rechnung abgebucht wird, nur ein Werkzeug ist und keine Darstellung meines Selbst.**

Falls es sich um einen einmaligen Rechnungsbetrag oder um die letzte Rate für ein Darlehen oder Kreditkartenschulden handelt, kannst du sagen:

Ich verbanne dies (sage den Namen)
für immer aus meinem Leben.

Solange du keinen Vertrag unterzeichnet hast, der dich bestraft, wenn du ein Darlehen früher als vereinbart zurückzahlst, legst du der Darlehenszahlung noch zusätzlich sieben DM bei. Wenn du knapp mit Bargeld bist, kannst du allen anderen Rechnungen siebzig Pfennig hinzufügen. Die Zahl sieben gehört zu den Sieben Schwestern, den Wächterinnen über die *axis mundi* (Weltachse; Sternenfrauen). Diese sieben Schwestern durchzogen die Mythen nahezu jeder großen Kultur, auch die im Mittleren Osten (die Sieben Säulen der Weisheit), Ägypten (die sieben Hathors), Arabien (die Sieben Weisen) und Südostasien (die sieben Mütter der Welt). Wenn du zu dem Zauber lieber männliche Gottheiten hinzunimmst, so kannst du die Sieben afrikanischen Mächte (zu denen Götter und Göttinnen gehören) oder die Sieben Weisen Griechenlands (für ihre Weisheit berühmte Männer) anrufen.

Diese Art der Rechnungsbegleichung hilft dir auch, leichtfertige Ausgaben zu kappen. Je mehr dein Einkommen wächst, desto schneller wirst du irgendetwas Großes kaufen, das du nie brauchst, auf das du jedoch Lust hattest.

Klebe den Umschlag mit deiner Zahlung mit einer Mischung aus Speichel und geweihtem Quellwasser zu und sage dabei:

Im Namen der Sieben Schwestern,
Tauben, Mütter, Säulen, Sterne,
ich verbanne diese Ausgaben aus meinem Leben.
Möge ich zukünftig in Weisheit wandern.
Ohne jemandem zu schaden, so sei es!

Zeichne das Symbol der Sieben Schwestern in die Ecke des Kuverts. (Wenn dir der Stern nicht gelingt, kannst du auch einfach die Ziffer sieben in die untere linke Ecke auf der Vorderseite des Kuverts setzen.)

Zur Verstärkung des Zaubers:

- Führe ihn am 31. Oktober (Samhain) oder am Neujahrstag aus.
- Führe ihn an einem Samstag in der Stunde des Saturn durch.
- Führe ihn durch, wenn der Mond im Steinbock steht (vor allem wenn du für dein Geld hart gearbeitet hast).
- Führe ihn bei Dunkelmond, Vollmond oder abnehmendem Mond aus.

Zaubertipps für das Ausstellen von Schecks oder Überweisungen

- Benutze einen schwarzen Füller, um Schulden zu verbannen.
- Siegle den Scheck mit einem gleichschenkligen Kreuz (keinem großen Kreuz, nur einem kleinen in der Memo-Ecke), um ein Anwachsen der Schulden zu verhindern, und sage:

Mein Leben gehört mir. Ich lebe für mich.
Ich lebe nicht für die, denen ich Geld schulde.[2]

- Wenn der Scheck für eine Investition ist, benutze einen Füller mit grüner Tinte, um Wachstum anzuregen.

---

2 *How to Get Out of Debt, Stay Out of Debt & Live Prosperously* von Jerrold Mundis. Bantam Books 1988, Seite 2.

- Wenn du zu jenen gehörst, die das Zahlenspiel mit negativen Scheckbeträgen betreiben (das heißt, die Angewohnheit haben, Schecks über Geldbeträge auszustellen, die gar nicht vorhanden sind), stell dein Scheckheft unter Aufsicht. Ja, richtig. Visualisiere ein großes haariges Monster, eine manische Bestie oder ein knurrendes Scheusal (oder was auch immer) auf deinem Scheckheft.

Stelle sicher, dass giftiger Speichel aus seinem Maul kommt. Er wird nur aktiviert, wenn du kurz davor bist, etwas Unüberlegtes zu tun. Sieh nur, wie schnell du mit dieser Visualisierung die Hand zurückziehst!

Wenn du Zahlungsanweisungen verschickst

Bevor du Zahlungsanweisungen mit der Post verschickst, halte sie in den Händen und sage:

Ich bin nicht die Gesamtsumme meiner Geldschulden.
Im Namen der Großen Mutter Juno,
wenn diese Zahlungsanweisungen meine Hände verlassen,
banne ich alle Negativität und
verringere meine finanziellen Verpflichtungen.
So sei es!

Dieser Zauber funktioniert besonders gut, wenn du die bereits in diesem Kapitel dargestellte Zauberarbeit ausgeführt hast. Sieh im Kapitel über die Rechnungsbegleichung auf den Seiten 123–127 nach und wähle den Tag für die Absendung der Zahlung(en), der deiner Absicht entspricht. Du kannst Geldausgangs-Tage mit Hilfe deiner Zahlungsmethoden kontrollieren.

133

Den emotionalen Druck des Schuldenmonsters abbauen

In hundert Jahren wird es niemanden mehr kümmern, wie hoch deine Schulden sind (dich übrigens auch nicht mehr). Es ist nicht notwendig, nicht mehr zu schlafen, mit dem Essen aufzuhören oder über der Tatsache zu brüten, dass du niemandem etwas schulden würdest, wenn es dir nur gelingen würde, auf die Sonnenseite des Lebens zu kommen.

Der erste Schritt zur Reduzierung des Schuldendrucks und zur Kappung deiner finanziellen Sorgen besteht darin zuzugeben, dass du ein Problem hast, und noch wichtiger – zu erkennen, dass man *jedes* Problem lösen kann. Ja, das stimmt – du hast das gefürchtete Schuldenmonster geschaffen und nun musst du es zerstückeln (oder wegzappen). Du kannst sagen: »Aber ich *habe* kein Problem, ich will nur *mehr* Geld verdienen.« Das ist in Ordnung, solange du damit nichts verleugnest. Verleugnen heißt in diesem Fall, sich zu weigern einzuräumen, dass du auf dem Gebiet deiner Finanzen mit rauer See und dem Schuldenmonster zu kämpfen hast. Und wenn du dir wegen deiner augenblicklichen Ausgaben oder deiner Finanzen im Allgemeinen Sorgen machst, hast du ein Problem. Räume es ein und werde damit fertig. Manchmal macht es uns wütend einzugestehen, dass wir finanzielle Schwierigkeiten haben, oder traurig oder auch hysterisch. Das ist in Ordnung. Stell dich auf derartige Emotionen ein, lass sie kommen und lass sie gehen.

Für diesen Zauber werden wir das Wohlwollen der Schwestern von Wyrd, genannt die Nornen – Verdandi, Urd und Skuld – erbitten. Diese drei sagenhaften nordischen Damen sind dafür zuständig, das Gewebe deines persönlichen Schicksals (das Gewebe von Wyrd) zu weben. Skuld ist die jüngste der Nornen und nicht ganz so wohlwollend wie die beiden anderen. Sie wird häufig in einen Schleier gehüllt und mit einer Rolle in der einen Hand und einer Schere oder einem Messer in der anderen abgebildet. Ihr kommt die Aufgabe zu, den letzten Faden deiner Bestimmung durchzuschneiden, und ihr Hauptelement ist das Wasser. Urd ist die Mutter und Beschützerin des Schicksals und gilt als die älteste Schwester (da ihr Mythos älter ist als der von Skuld und Verdandi). Sie konzentriert sich auf die Vergangenheit. Die dritte Schwester, Verdandi, repräsentiert deine augenblicklichen Lebensumstände. Auch ihr Element ist das Wasser. Obwohl kein Gott und kein Mensch diese Damen herumkommandieren oder ihre kollektive Entscheidung ändern kann, so kann man sie doch um ihre Hilfe bitten.

Benötigte Materialien: eine halb volle Mineralwasser-Flasche aus Kunststoff (eventuell mit einer Geschmacksrichtung deiner Wahl); ein schwarzes Band, 27,5 Zentimeter lang; eine Schere; ein wasserfester schwarzer Marker; eine große Schüssel.

Anleitung: Stelle die Materialien während des Dunkelmonds zusammen. Stell dir bildlich vor, dass weißes Licht dich umgibt. Trage die Flasche und das Band in die vier Himmelsrichtungen (N, O, S, W) und bitte in deinen eigenen Worten um Erleichterung vom Druck deiner Schulden. Zeichne das Zeichen der Schwestern von Wyrd mit dem schwarzen Marker auf die Flasche.

Blase neun Mal in die Plastikflasche und sage nach jedem Atemzug:

Ich übergebe meine finanziellen Sorgen der Göttlichkeit.

Nachdem du zum neunten Mal geblasen hast, verschließt du die Flasche. Nun schüttelst du sie und wiederholst dabei denselben Satz (»**Ich übergebe meine finanziellen Sorgen der Göttlichkeit.**«). Lass allen Frust, das Unglücklichsein und die Sorgen sich in das Sprudeln des Mineralwassers hineinarbeiten. Wenn du so weit bist, stellst du die Flasche wieder ab und öffnest sie. Lass ihren Inhalt hochsteigen und in die Schüssel überlaufen. Visualisiere, wie dein finanzieller Druck von dir wegsprudelt. Gieße den Rest in die Schüssel. Stelle die Flasche zur Seite. Halte das schwarze Band in deinen Händen und sage:

Dieses Band steht für die Negativität, die sich an mich
geheftet hat, und die negativen Emotionen,
die ich aufgrund meiner persönlichen Finanzen empfand.
Es repräsentiert das negative Gewebe von Wyrd,
das an meinen Finanzen haftet.
Ich verstehe vollkommen, dass ich diese Umstände
selbst geschaffen habe, und nun will ich mich von
ihnen befreien.
Im Namen der Schwestern von Wyrd bitte ich darum,
mir zu helfen, die Negativität aus meinem
Leben zu verbannen.
Gesegnete Damen von Wyrd, ich bitte um eure freundliche
Unterstützung bei dieser Angelegenheit.
Urd, Mutter der Vergangenheit. Verdandi, Schwester
der Gegenwart. Skuld, Maid der Zukunft und
Schwingerin der heiligen Schere.

Ohne jemandem zu schaden. Schneidet diese Schulden und Negativität sanft aus mir heraus.
So sei es!

Schneide das schwarze Band durch. Verbrenne beide Teile. Bringe das Mineralwasser nach draußen und sage:

Wenn ich diese Flüssigkeit auf den Boden gieße,
bitte ich darum, dass der Segen der drei
Schwestern über mir sein möge.
Ohne jemandem zu schaden, so sei es!

Führe den Zauber einmal im Monat durch, bis du schuldenfrei bist.

Gib heute kein Geld aus – und atme morgen leichter

Der beste Weg, sich von der Angewohnheit, Geld auszugeben, zu lösen, ist der, keine neuen Ausgaben zu machen! Das hört sich einfach an, ist aber nicht immer so einfach. Da musst du manchmal ziemlich erfinderisch sein. Es gibt Ausgaben, die du realistisch gesehen nicht vermeiden kannst – zum Beispiel die Stromrechnung, die Telefonrechnung, die Heizkosten, die Wasserrechnung ... soll ich noch weitermachen? –, aber du kannst deinen Grips dazu einsetzen, nicht überzureagieren.

Benötigte Materialien: ein Päckchen Klebezettel oder 7,5 mal 12,5 Zentimeter große Karten; Tesafilm.

Anleitung: Als Erstes musst du festlegen, was für dich bei diesen monatlichen Rechnungen wie etwa Telefon, Elektrizität, Wasser, Benzin und so weiter ein normaler Verbrauch ist. Wenn du unsicher bist, dann frag bei deinen Freunden oder in deiner Familie nach, wie hoch deren fixe Kosten sind. Hole eine Verbrauchsrechnung aus dem Stapel. Nehmen wir die fürs Telefon. (Du hast bereits deinen Abrakadabra-Spruch darauf geschrieben, oder?) Meine durchschnittliche Telefonrechnung beläuft sich auf sechsunddreißig Dollar monatlich. Meine Ferngespräche nicht inbegriffen. Bei der Verringerung der Verbrauchsrechnungen geht es nicht darum, dich selbst von etwas abzuschneiden, das du brauchst, sondern einen Durchschnittsbetrag festzulegen, den du ohne ungutes Gefühl ausgeben kannst. Ich hatte das Gefühl, sechsunddreißig Dollar wären genug für das Telefon, deshalb stellte ich eine neue Regel auf: »Keine Ferngespräche, außer es handelt sich um einen Notfall oder eine geschäftliche Notwendigkeit.« Das ist alles. Damit erhöht sich die monatliche Telefonrechnung um fünf Dollar, aber um keinen Cent mehr. Keine Warteschleife. Kein R-Gespräch. Keine Konferenzschaltungen. Kein Ferngespräch. Zu Anfang waren die Leute vergrätzt. Das war hart. Aber schließlich mussten nicht sie meine Telefonrechnung bezahlen, sondern ich. Nach einer Weile hatten sie es begriffen.

Ich schrieb mein Limit auf einen Zettel und klebte ihn auf mein Telefon. Jedes Mal wenn meine Hand nach dem Telefon griff, um ein Ferngespräch zu führen, zog ich sie schnell zurück und dachte noch einmal darüber nach. Das ist jetzt zwei Jahre her. Heute beläuft sich meine Telefonrechnung immer noch auf nur sechsunddreißig Dollar durchschnittlich im Monat (sogar mit gestiegener Gebühr), und den Zettel brauche ich nicht mehr. Ein zusätzlicher Vorteil ist der, dass ich meinen Kindern das auch beigebracht habe (wenngleich es für meine älteste Tochter eine Katastrophe bedeutete, dass ihre erste eigene Telefonrechnung über zweihundert Dollar betrug, und ihr dann klar wurde, warum ich zuvor diese Einschränkung für das Familientelefon gemacht hatte)!

Unter dem Strich kannst du diese Technik bei jeder Verbrauchsrechnung anwenden, ohne dich selbst zu verleugnen. Ich schaffte es, meine Stromrechnung um mehr als fünfzig Dollar zu senken, indem ich einfach kleine Zettel mit der Aufschrift »Muss ich jetzt wirklich das Licht einschalten?« auf die Lichtschalter klebte. He, sei kreativ! Zeichne komische kleine Cartoons auf die Zettel. Ermächtige die Zettel, dir bei der Abschaffung verschwenderischer Gewohnheiten zu helfen. Das macht Spaß!

Brauche ich das wirklich?

Hier ist noch so ein Trick, der an sich nicht unter Zauberei fällt. Aber da ich gerade bei dem Thema bin, will ich dir auch diesen verraten. Ich brauchte als Erwachsene mehrere Jahre, bis ich erkannte, dass ich ein Problem mit meinen Finanzen hatte. Eines Tages wurde mir klar, dass es mir auch weiterhin schlecht gehen würde, wenn ich nicht irgendetwas dagegen *tat*. Und ich hatte es satt, mich mies zu fühlen. Zu diesem Zeitpunkt hatte ich rund siebentausend Dollar Schulden (das war nicht schlimm, aber auch nicht gut), und der größte Teil davon ging auf Steuern zurück, die sieben Jahre zuvor fällig gewesen waren. In den vergangenen vier Jahren hatte ich keine neuen Schulden aufgehäuft (das dachte ich wenigstens) und ich stöhnte über diese Altlasten, die einfach nicht verschwanden. Sie umgaben mich wie hässliche Fliegen und nagten an meinem Leben.

Ich fing klein an (große Sachen machen mich nämlich nervös). Ich hatte mein »Limit«-Programm bereits eingeführt. Nun nahm ich all meine Rechnungen hervor und schaute mir genau an, wofür ich mein Geld ausgab. Was ich da sah, gefiel mir nicht. Schreck, o Schreck! Ich beschloss, meine Kinder nicht mehr zum Einkaufen mitzunehmen. Ja, ich bin schwach. Sie bettelten immer, und meistens gab ich nach, weil ich eine gute Mutter sein wollte. Da sie mir ein schlechtes Gefühl vermittelten, wenn ich sie zu Hause ließ, fing ich an, Lebensmittel dann einzukaufen (oder andere Besorgungen zu erledigen, bei denen ich ein Geschäft aufsuchen musste), wenn sie in der Schule waren. Das war großartig im Frühjahr, Herbst und Winter, aber in den Sommerferien? Ich verlegte all meine Besorgungen auf Zeiten, in denen andere Erwachsene bei ihnen waren. *Voilà!* Jetzt wurde kein Unsinn mehr gekauft, der nach dreißig Sekunden kaputt war. Innerhalb eines Monats sparte ich auf diese Weise einhundert Dollar. Im nächsten Monat waren es zweihundert Dollar.

Als nächstes sah ich mir die Rechnungen noch einmal genau an und fragte mich: »Brauche ich das *wirklich*?« Mir fiel auf, dass ich gar nicht die Zeit fand, all die Zeitschriften zu lesen, die ich abonniert hatte. Streichen. Ich brauchte auch diesen zusätzlichen Kabelkanal nicht, da sich keiner von uns diese Sendungen ansah. Streichen. Ich brauchte kein Zeitungsabonnement. Alles, was ich über aktuelle Ereignisse lesen wollte, konnte ich aus dem Internet erfahren. Streichen. Ich musste nicht Mitglied im Videoclub sein. Streichen. Ich musste nicht Mitglied im Buchclub sein. Damit sparte ich kein Geld, ich gab deswegen sogar mehr aus. Streichen. Und so weiter. Innerhalb von drei Monaten hatte ich diese unnötigen Rechnungen bezahlt und abgeschafft, wodurch ich noch einmal einhundertfünfzig Dollar einsparte.

Als Drittes warf ich alle Postwurfsendungen und Mailings ungeöffnet in den Müll. Wer braucht das? Ich hatte es satt, von Leuten, die ich nicht kannte, verführt zu werden. Dann ließ ich es zwei Wochen lang bleiben, irgendetwas unter zwei Dollar zu kaufen (um mir zu beweisen, wie sich diese Minibeträge summierten).

Zauber zur Kappung leichtsinniger Ausgaben

Das ist ein ganz einfacher Zauber. Nimm eine Zitrone und bohre mit einem Stift bis zur Hälfte der Frucht ein Loch hinein. Schreibe auf ein kleines Stück Papier: »Bitte hilf mir meine leichtsinnigen Ausgabegewohnheiten zu kappen, ohne meinen Reichtum oder meine persönlichen Wünsche zu beeinträchtigen.« Roll das Papier auf und stecke es in die Zitrone. Binde ein schwarzes Band um die Frucht und hänge sie vor das Küchenfenster. Nachdem ich diesen Zauber durchgeführt hatte, trieb ich meinen privaten Feldzug sogar noch weiter. Ich beschloss, meinen finanziellen Grauschleier zu verbannen.

Den finanziellen Grauschleier verbannen

Ich weiß, manche werden bei dem folgenden Teil aufstöhnen. Als ich begann, bei meinen Finanzen klar Schiff zu machen, schlugen mir Leute vor, ich solle eine spezielle Technik anwenden, die mich so ängstigte, so unter Stress setzte, dass ich sagte: »Das mache ich auf keinen Fall! Das ist Zeitverschwendung. Das wird mich aufregen und deshalb werde ich das *nicht* machen.« Sechs Monate später erholten sich meine Finanzen bereits aufgrund der anderen Zauberarbeit, die ich praktizierte. Doch ich erkannte auch, dass ich in den sprichwörtlich sauren Apfel beißen musste, wenn ich mein Ziel finanzieller Freiheit jemals erreichen wollte. Wovon also rede ich? Welche spannungsgeladene schreckliche Sache spreche ich hier an?

Du wirst gleich zum Nervenzentrum deines finanziellen Erfolges kommen – zur Liste deiner Ausgaben. (Oh! Schauder! Ich wusste, du würdest das Gesicht verziehen.) Mir war auch nicht sonderlich viel daran gelegen, doch wie Mary Poppins immer sagte: »Ein Löffel voll Zucker hilft der Medizin nach unten.« (Also trink ein Erfrischungsgetränk oder iss einen Schokoladeriegel, und dann beginne mit der Liste.) Übrigens, ich habe ein paar lustige Ideen, damit die Sache nicht ganz so schrecklich wird.

Als ich diese fürchterliche Liste zum ersten Mal aufzustellen versuchte, verwendete ich ein entsprechendes Computerprogramm, das mir nur ausreichend Zeilen für die Hauptausgabeposten zugestand. Vielleicht war das ganz gut so. Ich hatte eine allgemeine Vorstellung davon, wofür ich verantwortlich war, und die Liste war nicht sonderlich schwer zusammenzustellen. Uff! Immerhin war das gar nicht so schlimm. Später stellte ich fest, dass fast alle Schriften über Reichtum verlangen, dass man über jede Ausgabe, die man hat, bis hin zu den dreißig Pfennigen, die man am Morgen Patricia-Sue geliehen hat, genau Buch führt. Das wäre doch eine allzu entmutigende Aufgabe für mich (als Jungfrau, die normalerweise keine Probleme mit dem Erstellen von Listen hat) gewesen, denn ich trug noch immer tief verwurzelte negative Emotionen in Bezug auf meine Finanzen mit mir herum, die ich noch nicht verarbeitet hatte. Schließlich fertigte ich diese verflixte Liste an und habe es überlebt und kann sogar davon berichten – es war *überhaupt* nicht so traumatisch.

In der Zwischenzeit merkte ich allerdings, dass ein großer Teil meines Geldes völlig ungeklärt verschwand. Meiner Liste zufolge hätte ich genügend Geld für die Tilgung meiner Steuerschulden und obendrein für die Reparaturen am Haus, über die ich nachdachte, haben müssen. Wo ging all das Geld hin? Ah, ein Rätsel! Ich liebe Rätsel (normalerweise).

In den nächsten zwei Monaten verlangte ich jedes Mal, wenn ich etwas kaufte, eine Quittung oder einen Kassenbon. Ich weiß, das hört sich verrückt an, aber das war die einzige Möglichkeit, die Ausgaben, von denen ich wusste, dass sie das schwarze Loch in meine Kasse rissen, zu unterbinden. Um das Problem zu lösen, kreierte ich einen ...

Zauberumschlag für Belege

Bei diesem Zauber verwenden wir die Macht der heiligen Schlange. Die Schlange ist eines der ältesten Kraftsymbole und birgt in sich männliche wie weibliche Komponenten. Man glaubt, dass das ursprünglich weibliche Orakel im Tempel von Delphi – als der Tempel noch nicht mehr als eine der Erdgöttin Gaia geweihte Höhle war – das Pythonea (später Pythea) genannt wurde. In Indien nennt man die Göttin der Erde manchmal »Schlangenkönigin«. Als weibliche Schlange Kundalini repräsentiert sie die innere Kraft des menschlichen Körpers, die im Becken zusammengerollt ruht. Die frühen Gnostiker verehrten die Schlange nicht als Übermittler des Bösen, sondern als einen wohlmeinenden weiblichen Aspekt des Geistes, der dem Bösen die Wahrheit entgegensetzt. Die Geschichte, dass die heilige Schlange mit positiven Kräften und dem weiblichen Prinzip verbunden ist, lässt sich in den Standardnachschlagewerken zur Mythologie nicht so einfach aufspüren. Ich vermute, diese Wahrheit trifft den Kern der Sache zu gut.

In diesem Zauber benutzen wir die heilige Schlange dazu, uns Weisheit, Wahrheit und Schutz vor fortwährend überzogenen Ausgaben zu bringen. Das Symbol des Dollarzeichens, das uns heutzutage so vertraut ist, hat seine Wurzeln im Schlangenzauber, das »S« steht in Wahrheit für eine Schlange. Ich wette, du malst nie wieder ein Dollarzeichen, ohne dabei an die Macht des Schlangenzaubers zu denken!

Benötigte Materialien: ein großer Umschlag – das kann ein selbst gebastelter und gefalzter sein (für jene unter euch, die gut in solchen Dinge sind), eine Plastikhülle mit einem netten kleinen Band (so eine nahm ich) oder einfach ein ganz gewöhnlicher Umschlag (glaub mir, wenn du mit dem Umschlag fertig bist, wird er nicht mehr glatt und gewöhnlich sein); wasserfeste Marker (in Farben deiner Wahl); Räucherwerk deiner Wahl; eine grüne Kerze.

Anmerkung: Wenn du selbständig bist, sammelst du vermutlich bereits für das Finanzamt Belege. Vergiss nicht, diese Technik auch für diese Quittungen anzuwenden (lege sie nur in einem anderen Umschlag ab). Du wirst auch Ausgaben haben, für die du keine Quittungen bekommst. Ich denke da etwa an das Schulessen. Vergiss nicht, diese Ausgaben auf einen bereits vorhandenen Beleg (um Papier zu sparen) mit draufzusetzen. Kopiere alle Belege, die du für die Steuer brauchst. Lege die Originale in deinem Steuerordner ab und verwende die Kopien für den Zauber.

Anleitung: Beim Sammeln der Belege zeichnest du ein Dollarzeichen auf die Rückseite eines jeden und verwandelst dabei das »S« des Zeichens in eine kleine Schlange. Wenn du das vergessen hast, nimm dir einen Augenblick Zeit, bevor du diesen Zauber durchführst, um jede Quittung so zu markieren. (Du kannst dafür auch einen Gummistempel mit einem Schlangenabdruck verwenden, wenn du möchtest, einer meiner Schüler nahm sogar Schlangensticker.) Bei Dunkelmond (aber wenn du den Drang verspürst, damit zu einem anderen Zeitpunkt zu beginnen, dann gib ihm nach) segnest du den Umschlag mit den vier Elementen. Mit dem Marker zeichnest du eine Schlange auf den Umschlag. Lege alle bis dahin gesammelten Quittungen in den Umschlag.

Visualisiere dich selbst von weißem Licht umgeben. Präsentiere den Umschlag den vier Himmelsrichtungen (N, O, S, W) und erbitte ihren Segen für dieses Ritual. Zünde das Räucherwerk an. Zünde die Kerze an. Halte den Umschlag in Augenhöhe von dir weg. Rufe die große Schlange der Wahrheit und des Schutzes. Eine Zeremonialtrommel zu verwenden ist hilfreich, aber wenn du keine hast, kannst du auch auf die Technik des Bodentrommelns zurückgreifen (buchstäblich mit deinen Händen auf den Boden schlagen). Bitte darum, dass du klarsichtig bist, wenn du in Zukunft Einkäufe tätigst, und bitte um Schutz für dein augenblickliches Vermögen. Danke der heiligen Schlange. Lass die grüne Kerze vollständig herunterbrennen. Lass den Umschlag vierundzwanzig Stunden lang völlig in Ruhe. Lege dann deine neuen Quittungen hinein. Dir wird auffallen, dass sich die Anzahl der Belege, die du sammelst, verringert, was bedeutet, dass sich dein rätselhafter Verbrauch reduziert.

Warnung: Wenn du mit der heiligen Schlange arbeitest, darfst du nicht lügen, betrügen, stehlen oder in irgendeine illegale Aktion verwickelt sein. Wenn du auch nur eines davon tust, wird sich die Schlange gegen dich wenden und du wirst gebissen.

Gegen die Hatz nach Kreditkarten

Du bist verdammt, wenn du es tust, und du bist verdammt, wenn du es nicht tust. Da arbeitest du dich zuversichtlich durch den Prozess, deine Ausgaben zu verringern, und dann bekommst du eine Antwort wie die folgende zu hören:

»Es tut mir Leid, aber solange Sie keine gängige Kreditkarte haben oder eintausend Dollar Kaution zahlen, können wir Ihnen keinen Wagen vermieten. Darf ich Ihnen erklären, wie

Sie am besten Kreditwürdigkeit erlangen?« (Eine Autovermietung in Virginia.)

Ich rief zehn Autovermietungen im Umkreis von fünfundsiebzig Kilometern an. Nicht eine von ihnen wollte uns ohne diese Kaution in Höhe von tausend Dollar ein Auto vermieten.

»Huh, das tut mir wirklich leid. Wir würden Ihnen den Wagen nur zu gerne verkaufen, aber Sie besitzen keine Kreditwürdigkeit. Sie können mir doch nicht erzählen, dass Sie in den letzten sieben Jahren alles bar bezahlt haben? Sind Sie sicher, dass Sie nicht im Zeugenschutzprogramm oder so sind? Nun, so können Sie Kreditwürdigkeit erlangen …« (Ein Gebrauchtwagenverkäufer in Pennsylvania – ein besonders erniedrigendes Erlebnis, wie ich hinzufügen möchte.)

»Ein Zimmer für eine Nacht? Keine gängige Kreditkarte? Es tut mir Leid, aber da können wir Ihnen nicht dienen. Lassen Sie mich Ihnen erklären, wie Sie Kreditwürdigkeit erlangen, damit Ihnen das nicht noch einmal passiert …« (Der Portier eines Hotels in der 57. Straße in New York City um Mitternacht.) Ich musste ziemlich penetrant werden.

»Geben Sie mir einfach Ihre Kreditkartennummer und wir führen diesen Auftrag für Sie durch. Sie haben keine Kreditkarte? (Kurze Pause, Seufzer.) Na schön, ich schlage vor, Sie schicken uns einen Scheck … Lassen Sie mich Ihnen klarmachen, wie sehr Ihnen eine Kreditkarte in Zukunft helfen würde …« (Ein internationaler Buchversand.)

Mein Herz klopft immer noch, wenn ich an die Demütigung zurückdenke, die ich ertragen musste, weil ich zehn Jahre lang darauf bestand, alles bar zu bezahlen. Da stand ich, eine gute Kundin, und das war die Belohnung! Firmen wollen, dass du verschuldet bist, denn so verdienen sie ihr Geld.

Um diese fortwährende Peinlichkeit zu beenden, besorgte ich

mir schließlich eine Kreditkarte, aber ich musste sie noch mit einer zusätzlichen Beschränkung versehen, um mich davon abzuhalten, mehr auszugeben, als ich verkraften konnte.

Der Zehn-Dollar-Zauber

Du kannst für diesen Zauber jeden Betrag nehmen, den du möchtest. Um Kreditwürdigkeit zu erlangen, habe ich zehn Dollar genommen, aber du kannst auch mit einem höheren Betrag arbeiten. Du brauchst diesen Zauber aber nicht auf finanzielle Schwierigkeiten zu beschränken. Jene, bei denen finanziell alles bestens läuft, können den Zauber variieren und die Energien für ihre ganz speziellen Bedürfnisse arbeiten lassen.

Benötigte Materialien: ein Geldschein; eine schwarze Votivkerze; eine grüne Kerze; deine Geldkarten; Quellwasser; ein wenig Fünffingerkraut; ein Nagel; Honig; ein Stück Alufolie.

Anleitung: Schneide am oberen Ende der schwarzen Kerze den Docht ab, drehe die Kerze um und schäle an der Unterseite den Docht heraus, damit du sie am anderen Ende anzünden kannst. (Das nennt man »eine Kerze drehen« und die Technik dient der Umkehrung negativer Effekte.) Erhitze das Ende des Nagels und schmelze ein kleines Loch in den neuen Boden der schwarzen Kerze. Stopfe das Loch mit Fünffingerkraut aus. Lass das Loch wieder zuschmelzen. (Das heißt »Laden der Kerze«.) Halte die Kerze fest mit den Händen umschlossen und sage:

Negativität kehre ich heute um.
Schlechte Kaufgewohnheiten verschwinden.

Ich habe zu essen, Kleider am Leib
und ein Dach über dem Kopf.
Ich weiß, dass es mir gut gehen wird.
Ohne jemandem zu schaden, so sei es!

Wickle deine Geldkarten an einem Donnerstag in der Stunde von Jupiter einmal in Alufolie, bestreue sie mit Fünffingerkraut und schlage sie dann nochmals ein. Reinige den Geldschein mit den vier Elementen, um alle Negativität von dir selbst oder den Vorbesitzern zu entfernen. Lege den Geldschein in die Mitte deiner Zauberfläche. Lege die Alufolie als Päckchen oben drauf. Stelle die schwarze Kerze auf das Alupäckchen. Sage drei Mal:

Wenn diese Kerze brennt, verringere ich meine
Kreditkartenschulden
auf einen offenen Saldo von (Betrag des Geldscheins) DM
und nur (Betrag des Geldscheins) DM.

Wiederhole danach den ersten Vers dieses Zaubers. Lass die Kerze vollständig herunterbrennen. Halte deine Geldkarten so oft wie möglich über den Geldschein, bis der Stand auf jeder Karte die gewünschte Zahl zeigt.

Blockaden deines finanziellen Erfolgs mit den Elementen verbannen

In Kapitel 2 habe ich dir gezeigt, wie man mit den Elementen Reichtum schafft. Die nächsten vier Zaubersprüche arbeiten mit den bannenden Energien dieser Elemente. Wie bei den anderen Zaubern in diesem Kapitel verwenden alle vier Techniken die

Phasen des Vollmondes, abnehmenden Mondes oder Dunkelmonds – für welche du dich entscheidest, bleibt dir überlassen.

Blockaden mit den Gnomen der Erde verbannen

Nach dem Schweizer Alchemisten Paracelsus, der im sechzehnten Jahrhundert lebte, ist der Gnom oder Zwerg in der Lage, sich genauso leicht durch die Erde zu bewegen, wie der Fisch durchs Wasser schwimmt oder ein Mensch durch die Luft schreitet. Das Wort »Gnom« könnte seine Bedeutung von dem griechischen *ge-nomos,* Erdbewohner, und *gnosis,* Wissen/Erkenntnis, haben. Gnome sind mit den Feen, dem Märchenreich assoziiert und besitzen demzufolge unterschiedliche Charaktere und Charakteristika. Die Sagen schwanken, was Gnome anbelangt. Sie sind entweder Freund oder Feind, doch in fast allen Mythen werden die Gnome mit irdischen Schätzen, Erdbwusstsein und einem großen Wissen über die Magie in Felsen, Höhlen, Wurzeln, Edelsteinen und Bergen verbunden. Besonders stark vertreten sind Gnome in der deutschen Folklore.

Da sich die Gnome durch die Erde wie Fische im Wasser bewegen können, kann man sich an sie wenden, damit sie eine Blockade irdischer Energie in einem selbst oder eine Blockade, die ein anderer in den Weg legte, beseitigen. Ich arbeitete mit Drachenblutkraut wegen seiner Macht, Dinge zu versetzen, und seiner Fähigkeit, einen währenddessen zu schützen, sowie wegen seiner pflanzlichen Assoziation mit der Erde. Der Zauber eignet sich besonders gut, wenn die Dinge sich gut für dich entwickelt haben, du deine Schulden los bist und auf einmal – bums! Du bist in irgendeine Falle getappt. Bevor du dir monatelang Gedanken machst, solltest du diesen Zauber probieren.

Benötigte Materialien: ein Becher Staub; ein Sieb; etwa 15 Gramm Drachenblutkraut.

Anleitung: Schütte den Becher Staub in ein Sieb, das du über ein Papiertuch oder eine Schüssel hältst. Füge Drachenblutkraut hinzu und sage:

Element der Erde, bewege den Berg von ____________
(nenne den Zustand, wo es hakt) **beiseite.**
So wie sich das Drachenblutkraut mit der Erde
vermischt, so sollen die Blockaden
in meinem Leben sanft auseinander gebrochen
und entfernt werden, damit ich Wohlstand erlange.

Während die Erde durch das Sieb rieselt, visualisierst du, wie die finanziellen Probleme in deinem Leben sich auflösen. Sobald die ganze Erde durch das Sieb ist, drehst du Letzteres um und klopfst sieben Mal darauf, um alle Reste zu entfernen. Trage die Erde um Mitternacht zu einer Straßenkreuzung und schütte sie dort aus, wobei du noch einmal das Element Erde bittest, die Negativität, ohne jemandem zu schaden, sanft aus deinem Leben zu entfernen. Spüle das Sieb aus und bitte das Element Wasser, deine Situation sanft zu reinigen.

Blockaden mit den Sylphen der Luft verbannen

Das Wort *Sylphe* stammt aus dem Griechischen und bezeichnet einen weiblichen Geist des Elements Luft. Dieser Geist beanspruchte für sich die Gabe der Unsichtbarkeit. Wenn du ganz genau hinhorchst, könntest du die süße Stimme in der Brise hören. Die Griechen glaubten, die Sylphen seien mit den Engeln verwandt, was zeigt, dass der Glaube an Engel schon lange vor der römisch-christlichen Konversion bestand. In anderen Kulturen wurden die Sylphen für echte Geister gehalten, die aus dem letzten Atemzug der Sterbenden emportauchten.

Während der Christianisierung Europas wurde das Wort *Sylphe* zum Synonym für *Hexe*. Karl der Große (768–814), der Christianisierungsfeldzüge als der Beute und der Erlaubnis der Kirche von vier Ehefrauen und mehreren Konkubinen zuträglich fand, proklamierte im Grunde, dass die Sylphen sich nicht selbst öffentlich zu erkennen geben könnten. Karls des Großen Technik des Tötens oder Bekehrens legte den Grundstein für einen mehr als fünfhundert Jahre lang sanktionierten Mord, wodurch die Geschichte des Wortes »Sylphe« farbig, eigentlich blutrot wurde.

Benötigte Materialien: ein kleiner elektrischer Ventilator; dreizehn schmale gelbe Bänder; ein schwarzer Filzstift. Wir nehmen die Farbe Gelb, da diese Farbe am häufigsten mit der Himmelsrichtung Osten, der Heimat der Sylphen, verknüpft wird.

Anleitung: Schreibe mit dem schwarzen Filzstift auf jedes einzelne Band deine negativen Gefühle bezüglich eines bestimmten Projekts, das deine Finanzen beeinträchtigt oder dich daran hindert, deine finanziellen Ziele zu erreichen. Binde ein Ende der Bänder fest an das Gitter, das deine Finger vor den rotierenden Blättern des Ventilators schützt, und lass das jeweils andere Ende lose herunterhängen. (Mache das bitte, wenn der Ventilator abgeschaltet und der Stecker möglichst aus der Steckdose gezogen ist, sicher ist sicher.)

Stelle den Ventilator vor ein offenes Fenster oder die offene

Haustür. Schaue nach Osten, breite die Arme aus und rufe die Luftgeister an. Bitte sie, dass alle Negativität aus deinem Leben verbannt sein möge. Wenn es möglich ist, stellst du den Ventilator so auf, dass die Luft durch den Ventilator von Osten (dem Ort der Anfänge) nach Westen (dem Ort der Transformation) strömen kann. Schalte den Ventilator an. Visualisiere, wie deine Schwierigkeiten buchstäblich aus dem Fenster fliegen, während die Bänder im Wind flattern. Lass den Ventilator so lange an, wie du möchtest (pass nur auf, dass niemand darüber stolpert). Wenn du kannst, lässt du ihn eine Einheit von sieben (sieben Minuten, sieben Stunden oder sieben Tage lang) oder sieben Tage lang einmal täglich für sieben Minuten laufen. Wenn die Blockaden beseitigt sind, verbrennst du die Bänder und bittest darum, dass die Salamander alle verbliebene Negativität vernichten.

Blockaden mit den Salamandern des Feuers verbannen

Das Einzigartige an den Salamandern ist, dass diese Lebewesen, obwohl sie mit dem Feuer assoziiert sind, die magische Fähigkeit besitzen, Feuer in Eis zu verwandeln (und deshalb nicht brennen können). Mit diesem magischen Glauben war das Schicksal der armen Salamander nicht mehr dasselbe. Lebende Salamander brennen *sehr wohl.* Christliche Mystiker und Führer, von dieser Tatsache unbeeindruckt, proklamierten häufig den Salamander als Beschützer mit dem Motto »Ich nähre und lösche aus«.

Der Mythos von Feuer und Eis zog sich seit dem Heidentum durch zahlreiche Kulturen. Die deutsch-amerikanischen Hexen betrachten die Kombination Feuer und Eis als über der von Luft und Erde stehend (wenngleich Eis nicht wirklich ein eigenständiges Element ist, denn es ist nur gefrorenes Wasser). Ungeachtet seiner mythischen Assoziationen fällt es manchen Leuten nicht leicht, mit dem Element Feuer zu arbeiten. Ich habe einen Schüler, der einen Feuerlöscher mit magischen Schutzzeichen geschenkt bekam. Er hatte zuvor zahlreiche Missgeschicke mit den mythischen Salamandern (nicht den echten) erlebt, und seine Freunde wollten sicherstellen, dass er in Zukunft nicht vom Feuer verzehrt würde. Kein Wunder, dass er lieber mit Sylphen arbeitet!

Benötigte Materialien: ein kleiner Gartengrill, den du nur zum Zaubern verwendest; vier rote Kerzen (mit Kerzenhaltern); orange, gelbe und rote Farbe. Zeichne und koloriere an einem Sonntag in der Stunde von Mars oder an einem Dienstag in der Stunde der Sonne (oder an jedem beliebigen Tag zu Mittag) fünf Salamander auf die Außenseite des Grills. Ja, ich weiß, die Salamander blättern irgendwann wieder ab, wenn du keine hitzebeständige Farbe genommen hast, aber das macht nichts.

Anleitung: Liste auf einem Stück Papier alles in deinem Leben auf, von dem du das Gefühl hast, dass es eine Blockade darstellt. Du kannst Gesundheits- und Liebesfragen mit einbeziehen, da diese Dinge manchmal mit unserem finanziellen Erfolg zusammenhängen. Doch je mehr Themen du aufführst, umso mehr Veränderungen wirst du erleben. Wenn du meinst, du bist für eine Menge neuer Fragen noch nicht bereit, dann schreibe zunächst nur eine oder zwei Situationen auf.

Stelle dir an einem Dienstag bei abnehmendem Mond vor, dass weißes Licht dich umgibt. Rufe die Salamander und bitte sie, alle Blockaden in Bezug auf die von dir notierten Themen zu beseitigen. Halte das Papier über jede unangezündete Kerze, wiederhole dabei die Themen und deinen Wunsch nach einer Veränderung. Zünde alle Kerzen an, beginnend mit der, die dem Süden am nächsten steht. Wiederhole die Themen und deinen Wunsch. Halte das Papier über die Mitte des Grills (pass auf, dass du dich nicht verbrennst). Wiederhole deinen Wunsch, und dann führe das Papier durch die Flammen der vier Kerzen, beginnend mit der südlichsten. Lass das Papier in die Mitte des Grills fallen. Sieh zu, wie das Papier verbrennt, und flüstere, bis die Flammen das Papier verzehrt haben:

Flamme des Lichts, Flamme des Tages
verbanne die Blockaden auf meinem Weg.

Atme tief ein und entspanne dich. Verstreue die Asche im Wind und bitte die Sylphen um Unterstützung. Wenn möglich, lass die Kerzen vollständig herunterbrennen, oder verwende die Kerzen wieder, wenn du denselben Zauber in Zukunft noch einmal durchführst.

Blockaden mit den Undinen des Wassers verbannen

Undinen sind weibliche Wassergeister. Wie die anderen Elemente tragen sie durch Reinigung, Bewegung und Geräusche zur universellen Lebenskraft bei.

Dieser Zauber ist eine alte deutsch-amerikanische Technik, die sich die Eigenschaften von zu Eis gewordenem Wasser zu nutze macht. Gieße Quellwasser in einen kleinen, neuen Papier- oder Plastikbecher. Lass es gefrieren.

Wenn du für die Durchführung des Zaubers bereit bist, holst du den Becher aus dem Gefrierschrank. Stelle ihn mit der Oberseite nach unten in eine Schüssel. Halte die Hände über das Eis und benenne, was in deinen finanziellen Angelegenheiten eingefroren ist. Blase drei Mal auf das Eis. Lass das Eis tauen und visualisiere, wie das finanzielle Problem von dir wegfließt. Singe als Sprechgesang:

Atem des Geistes,
Wärme der Liebe.

Um eine bestimmte Rechnung zu verbannen, schreibst du den entsprechenden Betrag auf ein Stück Papier und legst dieses unter das Eis.

Schulden eintreiben

Nichts ist frustrierender, als wenn eine Person oder eine Organisation dir Geld schuldet, vor allem wenn sie keinerlei Anstalten macht, es dir zurückzuzahlen. Noch schlimmer ist es, wenn du selber Schulden hast, die du mit dem Betrag, den man dir schuldet, begleichen könntest.

Konzentriere dich zunächst auf deine Gefühle. Wenn mir jemand Geld schuldet und es mir in der vereinbarten Zeit nicht zurückgibt (oder bequemerweise vergisst, dass er mir Geld schuldet), fange ich an, frustriert zu werden. Dieser Frust verwandelt sich in Wut. In der Vergangenheit sagte ich kein Wort, weil mir als Kind beigebracht wurde, es sei schlecht, eine negative Situation zu schaffen. Als ich endlich etwas sagte, war ich von Schuldgefühlen geplagt. Ich wollte nicht, dass die Person sich schlecht fühlte, ich wollte nur mein Geld zurückhaben. Schließlich wurde mir klar, dass ich mit meinen Gefühlen und Handlungen die Situation erst möglich machte. Ich verarbeitete die Gefühle des

Schuldners als meine eigenen, weil ich wusste, wie man sich fühlt, wenn man jemandem Geld schuldet. Ich löste das Problem vorübergehend damit, dass ich es mir zur Maxime machte, niemandem Geld zu leihen. Das half mir persönlich, bis ich meine Gefühle bezüglich dieser Frage sortieren konnte. Der Umgang mit großen Unternehmen war eine andere Sache.

Wie oft hast du schon bei einer Firma angerufen, die dir Geld schuldete und das Telefonspiel spielte? Maybell führt dieses Konto, und sie ist beim Mittagessen, in einer Sitzung, auf Geschäftsreise, im Urlaub auf den Bahamas oder hat dein Konto an Harry abgegeben, der beim Mittagessen, in einer Sitzung, auf Geschäftsreise oder im Urlaub auf den Bahamas ist (möglicherweise mit Maybell). Du kannst auch zu hören bekommen: »Ich melde mich morgen wieder bei Ihnen, am Montag, nächsten Freitag, wenn die Hölle zufriert.«

Reg dich nicht auf. Du *hast* Möglichkeiten.

- Heuere einen großen Mann an, der so aussieht, als sei er in der Lage, den Rotz aus ihnen herauszuprügeln.
- Rufe einen Rechtsanwalt an und gib noch mehr Geld aus.
- Kampiere auf der Türschwelle.

Oh, keine dieser Möglichkeiten ist praktikabel? Nun denn, versuchen wir es mit einigen, die praktikabel sind.

- Geh an die Spitze. Das ist richtig. Schlag dich nie mit den Kundendienstleuten, der Sekretärin oder Assistentin herum. Nein, ich mache mich nicht über diese Menschen lustig. Ich *war* auch einmal so jemand. Ich kann dir aus erster Hand erzählen, dass sie nicht wirklich die Macht haben, dir zu deinem Geld zu verhelfen. Ihre Aufgabe ist es, dich zu beschwichtigen – nicht mehr und nicht weniger. Sie können dich für neue Dienstleistungen eintragen, kleinere Probleme aus dem Weg räumen, einen Kundendienstmann zu dir schicken usw., aber sie haben nicht die Macht, dein Geld locker zu machen (ganz gleichgültig, wie gerne sie das auch für dich tun würden). Also finde immer heraus, wer den Laden managt, und geh direkt zu dieser Person.

- Mache alles schriftlich, vom ersten Augenblick an, in dem du mit Schulden zu tun hast. Halte fest, mit wem du gesprochen hast, wann das war und was derjenige gesagt hat.
- Habe keine Angst, hinter deinem Geld her zu sein.
- Versuche Geld bei Vollmond oder zunehmendem Mond einzutreiben. Da sind deine Erfolgschancen besser.
- Führe den Du-schuldest-mir-was-Zauber aus.

Du-schuldest-mir-was-Zauber

Also gut. Du hast nett nachgefragt, du bist an die Spitze der Geldfütterungsmaschine gegangen und du hast geschrieben. Und du wartest immer noch. Hier ist ein Zauber, mit dem du dein Geld ins Rollen bringst und es seinen Weg zu dir zurückfindet. Lorbeer wird in der Zauberei hauptsächlich zur Anziehung verwendet, egal ob es um Liebe, Geld oder sonstige Wünsche geht, und er ist dem griechischen Gott Apollo heilig. Die Ringelblume leiht ihre Energien, damit Glück und Gerechtigkeit dir zulächeln (und ist besonders gut für alle juristischen Angelegenheiten).

Benötigte Materialien: eine Lorbeerkerze; Lorbeer-Räucherwerk; eine Ringelblume; ein Gegenstand (oder ein Foto), der (das) der Person gehört, die dir Geld schuldet (oder Briefpapier der fraglichen Firma); ein Geldschein; ein roter Füller.

Anleitung: Schreibe den Betrag, den man dir schuldet, mit roter Tinte auf den Geldschein. Wickle den Schein um die Ringelblume und den Gegenstand oder das Foto, die die Person(en) repräsentieren, von der (denen) du Geld zu bekommen hast. Lege das Päckchen an einen ruhigen Ort. Bitte deinen Schutzengel, dir zu helfen, das Geld wiederzubekommen. Zünde das Lorbeer-Räucherwerk an und visualisiere, wie die Person dir das Geld übergibt. Zünde die Lorbeerkerze an und visualisiere weiter dasselbe. Gib sieben Tropfen Wachs von der Lorbeerkerze auf die Oberseite des Geldscheins. Wiederhole die Visualisierung noch einmal. Halte den Geldschein in der Hand. Führe die Visualisierung erneut durch. Schließlich wiederholst du die Visualisierung allabendlich mit dem Geldschein-Päckchen in der Hand, bis du das Geld erhältst. Danach dankst du dem Geist und deinem Schutzengel, machst das Päckchen auf, schenkst den Geldschein einer Wohltätigkeitsorganisation und verbrennst den Gegenstand, der der Person oder der Firma gehört.

Anmerkung: Dieser Zauber funktioniert nicht, wenn die Person oder Firma dir nicht legitimerweise Geld schuldet.

Einen Gläubiger loswerden

Dieser Zauber wirkt, wenn du selbst jemandem Geld schuldig bist. Wenn jemand dich belästigt und du dich wirklich bemühst, die Schulden zu tilgen, probiere diesen Zauber aus.

Benötigte Materialien: eine Limone; ein wenig schwarzer Pfeffer, ein wenig roter Pfeffer; sieben Stopfnadeln; ein kleines Stück Papier mit dem Namen des Gläubigers darauf.

Anleitung: Schneide bei Vollmond oder abnehmendem Mond ein tiefes gleichschenkliges Kreuz in die Limone (schneide sie nicht ganz durch). Lege das Papier so gut du kannst in die Mitte des Kreuzes. Bestreue es mit dem schwarzen und roten Pfeffer. Verschließe die Limone mit den Stopfnadeln. Bitte den Geist, die Schuld zu verbannen und dich vor der Belästigung durch die genannte Person oder Firma zu schützen. Lege die Limone auf den Fenstersims, bis die Schuld beglichen ist.

Gib nicht auf

Es wird Tage geben, an denen du denkst, all deine Zauberei sei umsonst gewesen. Das kannst du mir glauben. Ich habe das auch erlebt. Was immer du auch tust, gib nicht auf. Es *kommt* auf jedes noch so kleine Bisschen, das du tust, an. Ich habe ein paar furchtbar angespannte Situationen durchlebt, als ich mit meinem Erfolgsplan anfing. Es dauert eine Weile, finanzielles Gleichgewicht ins Leben zu bringen, und wenn du mir ähnlich bist, wirst du einige Durchhänger auf deinem Weg haben. Mein Mann und ich durchlebten zu unterschiedlichen Zeiten im Jahr ein oder zwei Wochen, in denen alles Geld weg war und in den folgenden sieben Tagen auch kein Geld hereinkam. Wir wurden findig und innovativ in diesen Zeiten. In jeder Familie wird es fette und magere Zeiten geben. Die Art und Weise, wie man sich in schwierigen Zeiten bewährt, ist das, was eine Familie stark und unabhängig macht.

Quickies zur Bannung

- Liste deine Rechnungen getrennt auf Klopapier auf und spüle das Papier durchs Klo weg.
- Öffne ein Fenster, um Negativität zu verbannen.
- Ermächtige einen Silberlöffel und trage ihn entgegen dem Uhrzeigersinn durchs Haus, um alle Negativität zu verbannen. Fülle den Löffel mit Zucker und ermächtige ihn, deine Möglichkeiten zu versüßen. Lass den Löffel sieben Stunden lang liegen, ohne ihn anzurühren, dann verstreust du den Zucker im Wind und bittest um schnelle positive Veränderungen in deinem Leben.
- Wirf die alte Asche in deinem Kamin hinaus, um zu verhindern, dass deine Rechnungen höher werden.
- Verstreue Salz auf den Fensterbrettern, um eine Unglückssträhne zu verbannen.
- Lege eine Zwiebel oder eine Knoblauchknolle aufs Fensterbrett, um Negativität einzusammeln. Erneuere sie, sobald sie zu sprießen beginnt.
- Nimm einmal wöchentlich, am Samstag, all dein Geld aus deiner Brieftasche, deiner Geldbörse und deinen Taschen heraus. Reinige und weihe das Geld mit den vier Elementen.
- Um eine ungerechtfertigte Rechnung loszuwerden, knotest du neun schwarze Federn in einen Strang schwarzes Rohleder oder Garn. Wickle eine Kopie der Rechnung darum. Falte das Ganze drei Mal. Vergrabe es auf deinem Grund und Boden.
- Wann immer du deine Kleidung wechselst, stellst du dir bildlich vor, wie die Armut dich verlässt. Wenn du dich ankleidest, stellst du dir umgekehrt vor, wie positiver Überfluss zu dir kommt.
- Füge der Waschmittellauge deiner Wäsche ein wenig Engelwurz hinzu, um Armut aus deiner Familie zu verbannen.

- Wenn du Golf spielst, wirst du das mögen (mein Mann praktiziert es): Wenn du die Bälle auf der Driving Range schlägst, stellst du dir vor, dass die Armut über das Green und aus deinem Leben segelt.
- Wenn jemand dich bedroht wegen Geld, das du ihm nicht schuldest, oder in Bezug auf deine Zahlung unvernünftig ist (das kommt vor), dann schreibst du den Namen der Person auf ein Kuvert. In das Kuvert streust du Nessel, roten Pfeffer, schwarzen Pfeffer, Garten-Nachtschatten und Graberde (kannst du durch Patschuli ersetzen). Versiegle es. Vergrabe das Ganze draußen auf deinem Grund und Boden oder verbrenne es draußen in einem Feuer.
- Kreuze zwei große Nadeln unter der Fußmatte vor deiner Haustür, um Geldeintreiber abzuhalten.

Notfälle allgemein

Mein Mann und ich arbeiteten hart daran, ein Gleichgewicht in unseren finanziellen Angelegenheiten zu schaffen. Während ich am Reichtum arbeitete, kümmerte er sich ums Sparen – und das gelang ihm wunderbar. Als ich unsere Schulden abgebaut hatte, hatte er mehr als eintausend Dollar gespart. Dann ereilten uns mehrere Notfälle, wodurch sich das Geld wie Baumwollbüschel in einem Sommergewitter in Luft auflöste. Das sind die härtesten Zeiten beim Geldzauber – wenn du meinst, die Balance, für die du so hart gearbeitet hast, sei wieder verloren, und du kannst nur noch auf das schwarze Loch starren, das das zerborstene Ofenteil, die neuen Bremsen für das Auto deines Kindes, die Zahnarztrechnung für den entzündeten Zahn deines Mannes, der Anstieg deiner Rechnungen und der dahingeschiedene Staubsauger in deine Kasse gerissen haben. *Gib nicht auf.* Notfälle gehören zum Überleben. Panik steht *nicht* zur Debatte. Hier ist ein Aktionsplan für Notfälle.

- Führe einen Bannzauber durch, um alle Negativität zu beseitigen. Es ist gleichgültig, welche Mondphase oder welcher Tag gerade ist – ein Notfall ist ein Notfall.
- Setze deine reguläre Reichtums- oder Bannarbeit fort.
- Gib nicht auf und gib nicht nach.
- Überzieh den Boden einer roten Kerze mit Honig. Rolle ihn in goldenem Glimmer. Brenne sie an, um alle Blockaden in deinem Leben zu verbannen und schwerfällige Energie anzuheizen. Benutze die Kerze dazu, dich darauf zu konzentrieren, generellen Reichtum auf dich zu ziehen. Wenn es wirklich schlecht aussieht, ritze das Symbol des Mars (♂) in deine Kerze.
- Überzieh den Boden einer purpurfarbenen Kerze mit Honig. Rolle ihn in Silberglimmer. Zünde sie an, um dich auf einen bestimmten Geldbetrag zu konzentrieren, der die Notfallkosten deckt.
- Nimm ein rituelles Bad bzw. eine Dusche, um deinen Körper von aller Negativität zu reinigen, und verwende dazu einen halben Becher Zitronensaft.
- Reinige dein Haus, indem du täglich Salbei verbrennst, bis der Notfall überstanden ist. (Das mag mein Mann am liebsten.)

Epilog

Manchmal besteht der schwierigste Teil eines Zaubers darin, die Entscheidung zu treffen, welchen Zauber man anwenden soll und welche Korrespondenzen dazu gewählt werden sollen. Wenn man auf der Suche nach einem bestimmten Zauber ein Zauberbuch durchblättert, schaut man sich häufig lediglich die Bezeichnung einer Zauberformel daraufhin an, ob sie zur jeweiligen Situation passt. Ist das bei keinem der Titel der Fall oder bezieht sich ein Titel nicht direkt auf das jeweilige Problem, meint man vielleicht, der betreffende Zauber sei nicht der richtige. Doch das muss nicht unbedingt stimmen. Hier ein paar hilfreiche Tipps:

- Nimm die Beschreibung, die deinem Bedürfnis am meisten entspricht.
- Prüfe die Mondphase, um zu entscheiden, ob du dich auf das Bannen oder das Manifestieren konzentrieren solltest. Denk daran, du kannst, egal bei welcher Mondphase, immer samstags etwas verbannen und an den anderen Wochentagen etwas manifestieren, indem du bei Notfällen zum Zauber des jeweiligen Tages in der richtigen Planetenstunde greifst. Füge einfach folgenden Zusatz hinzu: »**Mögen alle astrologischen Korrespondenzen für diesen Wirkungsbereich richtig sein.**« (Der Zusatz stammt ursprünglich von Laurie Cabot.)

- Du kannst den Wortlaut *jedes* Zaubers deinen Bedürfnissen anpassen.
- Du brauchst für einen Zauber nicht kiloweise Material. Wenn du eine Zutat nicht auftreiben kannst, dann ersetzt du sie einfach durch eine andere, die dem verlangten Bestandteil sehr nahe kommt.
- Habe keine Angst, auf Forschungsreise zu gehen.
- Wenn du dir um die Ergebnisse des Zaubers Gedanken machst, kannst du den Zusatz anfügen: **»Möge sich dieser Zauber nicht umkehren oder irgendeinen Fluch über mich bringen.«** (Ursprünglich von Sybil Leek erdacht.)

Es vergeht kein Tag, an dem ich nicht an dich, lieber Leser, denke. Bei jedem Wort, das ich schreibe, bei jedem Seminar, das ich halte, bei jedem Ritual, das ich durchführe, überlege ich immer, wie es dir wohl geht, und ich hege die Hoffnung, dass meine Arbeit dir auch weiterhin eine Hilfe auf deinem spirituellen Weg sein wird. Das Buch ist zwar nicht sonderlich umfangreich, aber ich denke, wir haben doch eine ganze Menge an positivem Zauber besprochen. Vergiss nicht, sowohl mit manifestierender wie auch mit bannender Magie zu arbeiten, wenn du für deinen generellen Reichtum zauberst. Wenn deine Finanzen sich zum Positiven gewendet haben und du Geld in Hülle und Fülle hast, solltest du auch weiterhin an der Verbesserung deines Lebensstils arbeiten. Höre nicht einfach auf damit, weil gerade alles bestens ist. Mach weiter!

Wenn du auch in Zukunft über meine Projekte auf dem Laufenden sein willst, dann schau doch einfach auf meiner Homepage im Internet nach unter: **http://www.silverravenwolf.com.** Du wirst dort interessante Informationen zu meinen Veranstaltungsterminen, Büchern und viele andere Bonbons finden. Ich habe sogar zwei »Teen Pages« zu meinem neuen Zauberbuch *Teen*

Witch! für Kinder und Jugendliche! Ich bringe meine Homepage ungefähr einmal im Monat auf den neuesten Stand und füge neue Zaubersprüche und Rituale sowie andere Informationen hinzu.

Alles Liebe und viel Glück für deine zukünftigen Bemühungen!

Silver Raven Wolf

Anhänge

Anhang 1: Farbzauber-Korrespondenzen

Benutze die unten aufgeführte Liste, wenn du dir nicht sicher bist, aber betrachte diese Informationen nicht als das letzte Wort zum Thema Farbzauber.

Liste der Farbzauber-Korrespondenzen

Farbe	**Zweck**
Schwarz	Rücksendung an Absender; Divination; negative Arbeit; Schutz
Blauschwarz	Für verletzten Stolz; Knochenbrüche; Engelsschutz
Dunkelpurpur	Zur Herbeirufung der Macht der Alten; magische Zeichen/Runen; Regierung
Lavendel	Um den rechtschaffenen Geist in dir und Gefallen für Menschen zu erbitten
Dunkelgrün	Anrufung der Göttin der Regeneration; Landwirtschaft; finanziell
Mintgrün	Finanzieller Gewinn (mit Gold und Silber verwendet)
Grün	Heilen oder Gesundheit; Nord-Kardinalpunkt
Avokadogrün	Anfänge

Hellgrün	Wetterbesserung
Indigoblau	Zur Enthüllung tiefer Geheimnisse; Schutz auf den Astralebenen; Verteidigung
Dunkelblau	Zur Schaffung von Verwirrung (muss mit Weiß verwendet werden oder du verwirrst dich selbst)
Blau	Schutz
Königsblau	Macht und Schutz
Blass/Hellblau	Schutz des Heims; Gebäude, Junge; junge Männer
Rubinrot	leidenschaftliche Liebe oder Wut
Rot	Liebe; romantische Atmosphäre; Energie; Süd-Kardinalpunkt
Hellrot	Tiefe Zuneigung nichtsexueller Natur
Dunkelrosa	Harmonie und Freundschaft zu Hause
Rosa	Harmonie und Freundschaft mit Mitmenschen; Bindezauber
Hellrosa	Freundschaft; junge Frauen
Gelb	Heilen; kann auch den Ost-Kardinalpunkt repräsentieren
Dunkelgold	Wohlstand; Sonnenzauber
Gold	Anziehung
Blassgold	Reichtum an Gesundheit
Dunkelorange	Gelegenheit, Möglichkeit
Orange	Materieller Gewinn; um einen Spruch zu siegeln; Anziehung
Dunkelbraun	Die Erde um Wohltaten anrufen
Braun	Frieden zu Hause; Kräuterzauber; Freundschaft
Hellbraun	Materielle Vorteile zu Hause
Silber	Schnelles Geld; Spielen; Anrufung des Mondes; Mondzauber
Grauweiß	Frieden im Geiste

Lilienweiß	Mutter-Kerze (bei jeder Mondphase für dreißig Minuten angezündet)
Weiß	Rechtschaffenheit; Reinheit, für den Ost-Kardinalpunkt verwendet; devotionaler Zauber
Grau	Zauber

Verwende Weiß als Ersatz für jegliche Farbe.

Farben für die Wochentage

Tag	Farbe
Montag	Weiß
Dienstag	Rot
Mittwoch	Purpurrot
Donnerstag	Grün
Freitag	Blau
Samstag	Schwarz
Sonntag	Gelb

Anhang 2: Astrologische Symbole

Ritze sie in Kerzen ein.

Tierkreisname	**Symbol**	**Bedeutung**
Widder	♈	Ein Projekt beginnen
Stier	♉	Luxus erwerben und bewahren
Zwillinge	♊	Eine kommunikative Veränderung erzeugen
Krebs	♋	An positiven Emotionen arbeiten
Löwe	♌	Auf das, was du hast, aufpassen
Jungfrau	♍	Die Einzelheiten im Kopf behalten
Waage	♎	Fairness bringen
Skorpion	♏	Alles intensivieren
Schütze	♐	Humor und Freunde bringen
Steinbock	♑	Geschäftsfinanzen planen
Wassermann	♒	Veränderung und Freiheit bringen
Fische	♓	Sich mit der spirituellen Welt verbinden

Die Planeten und ihre Bedeutung

☉ Sonne = Erfolg

☽ Mond = Familie

♀ Venus = Liebe und schnelles Geld

♂ Mars = Alles aktivieren

☿ Merkur = Kommunikation

⚳ Jupiter = Expansion

♃ Saturn = Verbannen oder begrenzen

Anhang 3: Die Planetenstunden[1]

Die Wahl einer Erfolg versprechenden Zeit für den Beginn eines Zaubers ist eine wichtige Angelegenheit. Wenn eine Sache einmal in Gang gesetzt ist, existiert sie unter den Bedingungen und Umständen weiter, unter denen sie begonnen wurde.

Jede Stunde des Tages wird von einem Planeten regiert und übernimmt folglich die Attribute des betreffenden Planeten. Dir wird auffallen, dass bei den Planetenstunden Uranus, Neptun und Pluto fehlen. Das liegt daran, dass sie als höhere Oktaven von Merkur, Venus beziehungsweise Mars betrachtet werden. Wenn zum Beispiel etwas von Uranus beherrscht wird, kannst du die Stunde Merkurs nehmen.

Der einzige andere Faktor, über den du für die Verwendung der Planetenstunden Bescheid wissen musst, ist der Zeitpunkt des Sonnenauf- und -untergangs an deinem Wohnort an einem bestimmten Tag. Das wiederum kannst du deiner örtlichen Tageszeitung entnehmen. Anmerkung: Der Zeitpunkt des Sonnenauf- und -untergangs kann vom Beispiel abweichen, wenn du

1 Die Informationen zu den Planetenstunden sind in gekürzter Form entnommen aus: *Llewellyn's 2000 Daily Planetary Guide*, S. 184 f. Sie sind auch in den verschiedensten Büchern zur Astrologie enthalten.

woanders wohnst. Der für dich relevante Breiten- und Längengrad ist in den Zeitangaben der Tageszeitung bereits berücksichtigt.

Schritt eins. Informiere dich in deiner örtlichen Zeitung darüber, wann an dem von dir gewählten Tag die Sonne auf- und untergeht. Wir nehmen den 2. Januar 1999 und den 10. Breitengrad als Beispiel. Der Sonnenaufgang am 2. Januar 1999 auf dem 10. Breitengrad ist bei 6 Stunden und 16 Minuten (oder 6.16 Uhr), Sonnenuntergang ist bei 17 Stunden und 49 Minuten (oder 17.49 Uhr).

Schritt zwei. Subtrahiere den Zeitpunkt des Sonnenaufgangs (6 Stunden 16 Minuten) von dem des Sonnenuntergangs (17 Stunden 49 Minuten), um die Zahl der astrologischen Tagstunden zu erhalten. Das geht einfacher, wenn du die Stunden in Minuten umrechnest. Zum Beispiel ergeben 6 Stunden und 16 Minuten 376 Minuten. 17 Stunden und 49 Minuten sind 1069 Minuten. Jetzt führst du die Subtraktion durch: 1069 Minuten minus 376 Minuten ergibt 693 Minuten.

Schritt drei. Als Nächstes solltest du festlegen, wie viele Minuten an dem bestimmten Tag eine Tag-Planetenstunde hat. Dafür teilst du 693 Minuten (die Anzahl der Tag-Minuten) durch 12. Das ergibt 58, aufgerundet. Folglich hat eine Tag-Planetenstunde am 2. Januar 1999 auf dem 10. Breitengrad 58 Minuten.

Schritt vier. Nun weißt du, dass jede Tag-Planetenstunde rund 58 Minuten umfasst. Du weißt außerdem aus Schritt eins, dass die Sonne um 6.16 Uhr aufgeht. Um herauszufinden, wann jede Planetenstunde beginnt, musst du jetzt einfach für die erste Planetenstunde zum Zeitpunkt des Sonnenaufgangs 58 Minuten hinzurechnen, dann wieder 58 Minuten für die zweite Planetenstunde usw. Folglich geht die erste Stunde in unserem Beispiel von 6.16 Uhr bis 7.14 Uhr; die zweite von 7.14 Uhr bis 8.12 Uhr; usw. Beachte, dass die letzte Stunde nicht exakt bei Sonnenuntergang endet, da wir ja die Minuten aufgerundet haben.

Schritt fünf. Um nun herauszufinden, welches Zeichen welche Tag-Planetenstunde regiert, schaust du in deinem Kalender nach, auf welchen Wochentag der 2. Januar fällt. Du wirst feststellen, dass das 1999 ein Samstag war. Als Nächstes wendest du dich der folgenden Tabelle mit den Sonnenaufgangs-Planetenstunden zu. Wenn du dir die Spalte für Samstag vornimmst, siehst du, dass die erste Stunde von Saturn regiert wird, die zweite von Jupiter, die dritte von Mars usw.

Schritt sechs. Nun hast du die Tag-(Sonnenaufgangs-)Planetenstunden bestimmt. Mit demselben Rechengang kannst du auch die Nacht-(Sonnenuntergangs-)Planetenstunden berechnen, wobei du den Sonnuntergang als Ausgangszeitpunkt nimmst und den Sonnenaufgang am nächsten Morgen als Endzeitpunkt. Wenn du zu Schritt 5 gelangst, denke daran, statt der Sonnenaufgangs-Tabelle die Sonnenuntergangs-Tabelle zu Rate zu ziehen.

Planetenstunden
Sonnenaufgang

Stunde	Sonntag	Montag	Dienstag	Mittwoch	Donnerstag	Freitag	Samstag
1	Sonne	Mond	Mars	Merkur	Jupiter	Venus	Saturn
2	Venus	Saturn	Sonne	Mond	Mars	Merkur	Jupiter
3	Merkur	Jupiter	Venus	Saturn	Sonne	Mond	Mars
4	Mond	Mars	Merkur	Jupiter	Venus	Saturn	Sonne
5	Saturn	Sonne	Mond	Mars	Merkur	Jupiter	Venus
6	Jupiter	Venus	Saturn	Sonne	Mond	Mars	Merkur
7	Mars	Merkur	Jupiter	Venus	Saturn	Sonne	Mond
8	Sonne	Mond	Mars	Merkur	Jupiter	Venus	Saturn
9	Venus	Saturn	Sonne	Mond	Mars	Merkur	Jupiter
10	Merkur	Jupiter	Venus	Saturn	Sonne	Mond	Mars
11	Mond	Mars	Merkur	Jupiter	Venus	Saturn	Sonne
12	Saturn	Sonne	Mond	Mars	Merkur	Jupiter	Venus

Planetenstunden
Sonnenuntergang

Stunde	Sonntag	Montag	Dienstag	Mittwoch	Donnerstag	Freitag	Samstag
1	Jupiter	Venus	Saturn	Sonne	Mond	Mars	Merkur
2	Mars	Merkur	Jupiter	Venus	Saturn	Sonne	Mond
3	Sonne	Mond	Mars	Merkur	Jupiter	Venus	Saturn
4	Venus	Saturn	Sonne	Mond	Mars	Merkur	Jupiter
5	Merkur	Jupiter	Venus	Saturn	Sonne	Mond	Mars
6	Mond	Mars	Merkur	Jupiter	Venus	Saturn	Sonne
7	Saturn	Sonne	Mond	Mars	Merkur	Jupiter	Venus
8	Jupiter	Venus	Saturn	Sonne	Mond	Mars	Merkur
9	Mars	Merkur	Jupiter	Venus	Saturn	Sonne	Mond
10	Sonne	Mond	Mars	Merkur	Jupiter	Venus	Saturn
11	Venus	Saturn	Sonne	Mond	Mars	Merkur	Jupiter
12	Merkur	Jupiter	Venus	Saturn	Sonne	Mond	Mars

Anhang 4: Mondphasen

Neumond

- Der Mond steht 0–45 Grad direkt vor der Sonne
- Der Mond geht am Morgen auf und bei Sonnenuntergang unter; zur vollen Nutzung dieser Energien sollte man sich an diesen Zeitraum halten
- Diese Mondphase gilt von genau Neumond bis dreieinhalb Tage danach
- Zweck: Anfänge
- Wirkungsbereiche: Schönheit, Gesundheit, Selbstverbesserung, Landwirtschaft und Garten, Jobsuche, Liebe und Affären, Netzwerke, kreative Unternehmungen
- Heidnischer Feiertag: Wintersonnenwende (21. Dezember)[1]
- Göttinnenname: Rosemertas Mond
- Göttinnenenergie: Göttinnen des Wachstums
- Opfergaben: Milch und Honig
- Thema: Überfluss

---

1 Aufgrund der astrologischen Zeiteinteilung fallen die Sonnenwenden und Tagundnachtgleichen nicht immer auf den gleichen Tag. Andere heidnische Festtage unterscheiden sich je nach der praktizierten Tradition.

- Rune: Feoh für Überfluss; Cen für Öffnungen; Gyfu für Liebe
- Tarot-Trumpf: Der Narr

Zunehmende Sichel

- Der Mond befindet sich 45–90 Grad vor der Sonne
- Der Mond steigt am Vormittag, geht nach Sonnenuntergang unter; zur vollen Nutzung dieser Energien sollte man in diesem Zeitraum arbeiten
- Zunehmende Sichel ist dreieinhalb bis sieben Tage nach Neumond
- Zweck: Die Bewegung der Dinge
- Wirkungsbereiche: Tiere, Geschäft, Veränderung, Emotionen, matriarchalische Stärke
- Heidnischer Feiertag: Imbolv (2. Februar)
- Göttinnenname: Brigids Mond
- Göttinnenenergie: Wassergöttinnen
- Opfergaben: Kerzen
- Thema: Manifestation
- Rune: Birca für Neuanfänge; Ing für Fokus
- Tarot-Trumpf: Der Magier

Erstes Viertel

- Der Mond befindet sich 90–135 Grad vor der Sonne
- Der Mond geht am Mittag auf und um Mitternacht unter; zur vollen Nutzung dieser Energie sollte man in diesem Zeitraum bleiben
- Erstes Viertel ist sieben bis zehneinhalb Tage nach Neumond
- Zweck: Die Form der Sache
- Wirkungsbereiche: Mut, Elementezauber, Freunde, Glück und Motivation

- Heidnischer Feiertag: Frühlings-Tagundnachtgleiche (21. März)
- Göttinnenname: Persephones Mond
- Göttinnenenergie: Luftgöttinnen
- Opfergaben: Federn
- Thema: Glück
- Rune: Algiz für Glück; Jera für Verbesserung; Ur für Stärke
- Tarotkarte: Die Stärke oder Der Stern

Zunehmende Rundung

- Der Mond befindet sich 135–180 Grad vor der Sonne
- Der Mond steigt um die Mitte des Nachmittags und geht gegen drei Uhr morgens unter; zur vollen Nutzung dieser Energien sollte man in diesem Zeitraum bleiben
- Diese Mondphase ist zwischen zehneinhalb und 14 Tagen nach Neumond
- Zweck: Details
- Wirkungsbereiche: Mut, Geduld, Frieden, Harmonie
- Heidnischer Feiertag: Beltaine (1. Mai)
- Göttinnenname: Nuits Mond
- Göttinnenenergie: Sternengöttinnen
- Opfergaben: Bänder
- Thema: Perfektion
- Rune: Asa für Beredsamkeit; Wyn für Erfolg; Dag für Erleuchtung
- Tarot-Trumpf: Die Welt

Vollmond

- Der Mond befindet sich 180–225 Grad vor der Sonne
- Der Mond geht bei Sonnenuntergang auf und in der Morgen-

dämmerung unter; zur vollen Nutzung seiner Energien sollte man in diesem Zeitraum bleiben

- Vollmond ist ab vierzehn bis siebzehneinhalb Tage nach Neumond
- Zweck: Vollendung eines Projekts
- Wirkungsbereiche: Künstlerische Bestrebungen, Schönheit, Gesundheit, Fitness, Veränderung, Entscheidungen, Kinder, Wettbewerb, Träume, Familien, Wissen, juristische Angelegenheiten, Liebe, Affären, Geld, Motivation, Schutz, psychische Kraft, Selbstverbesserung
- Heidnischer Feiertag: Sommer-Sonnenwende (21. Juni)
- Göttinnenname: Sechmets Mond
- Göttinnenenergie: Feuergöttinnen
- Opfergaben: Blumen
- Thema: Macht
- Rune: Sol
- Tarotkarte: Die Sonne

Abnehmende Rundung oder diffuser Mond

- Der Mond befindet sich 225–270 Grad vor der Sonne
- Der Mond geht zur Abendmitte auf und am Vormittag unter; zur vollen Nutzung seiner Energien sollte man in diesem Zeitraum bleiben
- Diese Mondphase ist dreieinhalb bis sieben Tage nach Vollmond
- Zweck: Schöpferische Zerstörung
- Wirkungsbereiche: Sucht, Entscheidungen, Scheidung, Emotionen, Stress, Schutz
- Heidnischer Feiertag: Lammas (1. August)
- Göttinnenname: Hekates Mond
- Göttinnenenergie: Erdgöttinnen

- Opfergaben: Getreide oder Reis
- Thema: Neubewertung
- Rune: Thorn für Zerstörung; Algiz für Schutz; Thorn für Abwehr
- Tarot-Trumpf: Die Zerstörung/Der Turm von Babylon; Die Hoffnung auf Schutz

Letztes Viertel

- Der Mond befindet sich 270–315 Grad vor der Sonne
- Der Mond geht um Mitternacht auf und mittags unter; zur vollen Nutzung dieser Energien sollte man in diesem Zeitraum bleiben
- Diese Mondphase ist sieben bis zehneinhalb Tage nach Vollmond
- Zweck: Völlige Zerstörung
- Wirkungsbereiche: Süchte, Scheidungen, Ende, Gesundheit und Heilung (bannend), Stress, Schutz, Ahnen
- Heidnischer Feiertag: Herbst-Tagundnachtgleiche (21. September)
- Göttinnenname: Mond der Morrigans
- Göttinnenenergie: Erntegöttinnen
- Opfergaben: Räucherwerk
- Thema: Bannung
- Rune: Hagal; Ken für Bannen; Nyd für Umwenden; Isa für Binden
- Tarot-Trumpf: Das Gericht

Abnehmende Sichel oder Dunkelmond

- Der Mond befindet sich 315–360 Grad vor der Sonne
- Der Mond geht um drei Uhr morgens auf und zur Mitte des

Nachmittags unter; zur vollen Nutzung dieser Energien sollte man in diesem Zeitraum bleiben

- Dunkelmond ist zehneinhalb bis vierzehn Tage nach Vollmond
- Zweck: Ruhe
- Wirkungsbereiche: Süchte, Veränderung, Scheidung, Feinde, Gerechtigkeit, Hindernisse, Streitigkeiten, Entfernung, Trennung, zum Aufhalten von Dieben
- Heidnischer Feiertag: Samhain (31. Oktober)
- Göttinnenname: Kalis Mond
- Göttinnenenergie: Göttinnen der Finsternis
- Opfergaben: Aufrichtigkeit
- Thema: Gerechtigkeit
- Rune: Tyr für Gerechtigkeit; Kenn für Bannen
- Tarot-Trumpf: Die Gerechtigkeit

Bibliographie

Biographical Dictionary. New York: Oxford University Press, 1993.
Beyerl, Paul: *A Compendium of Herbal Magick*. Custer, Wash.: Phoenix Publishing, Inc., 1998.
Bunson, Matthew: *Angels A to Z – A Who's Who of the Heavenly Host*. New York: Crown Trade Paperbacks, 1996.
Carlson, Richard: *Don't Worry, Make Money*. Hyperion, 1997. (Dt.: *Werde glücklich, werde reich*. München: Droemer Knaur, 1999.)
Cunningham, Scott: *Cunningham's Encyclopedia of Magical Herbs*. St. Paul, Minn.: Llewellyn, 1992.
Cunningham, Scott und David Harrington: *The Magical Household*. St. Paul, Minn.: Llewellyn, 1983.
Dixon-Kennedy, Mike: *Celtic Myth & Legend, An A–Z of People and Places*. London: Blandford Publishing, 1996.
Gonzalez-Wippler, Migene: *Rituals and Spells of Santeria*. Plainview, NY: Original Publications, 1984.
Ders.: *Santeria: African Magic in Latin America*. Plainview, NY: Original Publications, 1987.
Jones, Allison: *Larousse Dictionary of World Folklore*. Edinborough: Larousse, 1995.
Leach, Maria (Hg.): *Funk & Wagnall's Standard Dictionary of*

Folklore, Mythology, and Legend. San Francisco: Harper San Francisco, 1972.

Lippman, Deborah und Paul Colin: *How to Make Amuletts, charms & Talismans: What They Mean and How to Use Them.* Philadelphia: J. B. Lippincott Company 1979.

Mercatante, Anthony S.: *Facts on File Encyclopedia of World Mythology and Legend.* New York: Oxford, 1988.

Mundis, Jerrold: *How to Get Out of Debt, Stay Out of Debt & Live Prosperously.* New York: Bantam Books, 1988.

Ranke-Graves, Robert von: *The White Goddess.* New York: Farrar, Straus and Giroux, 1948, 1986. (Dt.: *Die Weiße Göttin. Sprache des Mythos.* Reinbek b. Hamburg: rororo, 1985.)

Redmond, Layne: *When the Drummers Were Women.* New York: Tree Rivers Press, 1997. (Dt.: *Frauen Trommeln. Eine spirituelle Geschichte des Rhythmus.* München: H. Hugendubel, 1999.)

Roman, Sanaya und Duane Packer: *Creating Money: Keys to Abundance.* H. J. Kramer, Inc., 1987. (Dt.: *Kreativ Reichtum schaffen.* München: W. Goldmann, 1993.)

Stokes, Gillian: *Becoming Prosperous: A Beginner's Guide.* England: Hodder & Stoughton, 1997.

Valiente, Doreen: *An ABC of Witchcraft.* Custer, Wash.: Phoenix, 1973.

Walker, Barbara: *The Woman's Dictionary of Symbols and Sacred Objects.* San Francisco: Harper Collins, 1988. (Dt.: *Die geheimen Symbole der Frauen. Lexikon der weiblichen Spiritualität.* München: H. Hugendubel, 1997.)

Dies.: *The Woman's Encyclopedia of Myths and Secrets.* San Francisco: Harper San Francisco, 1983. (Dt.: *Das geheime Wissen der Frauen. Ein Lexikon.* München: dtv, 5. Aufl. 2000.)

Register